生命之泉

李载禄牧师基督教新闻专栏集锦

智慧人的法则是生命的泉源,
可以使人离开死亡的网罗。
箴言13章14节

生命之泉

赐予永恒生命的祝福之语

李载禄牧师基督教新闻专栏集锦

生命之泉
Fountain of Life

在未获得乌陵出版社书面许可的情况下,不得对本书的内容进行制本、复印、电子传送等。

本书所引圣经经文取自《现代标点和合本》

作　　者:	李载禄
编　　辑:	宾锦善
设　　计:	乌陵出版社设计组
发　　行:	乌陵出版社（发行人：金正宏）
出版日期:	2011年2月初版（韩国，乌陵出版社，韩国语）
	2024年6月初版（韩国，乌陵出版社）

Copyright © 2025 李载禄博士
ISBN 979-11-263-1398-3 03230
Translation Copyright © 2025

问　讯　处: 乌陵出版社
电　　话: 82-818-7242

"乌陵"是旧约时代的大祭司为了求问神的旨意而使用的决断的胸牌,希伯来原意为"光"(出埃及记28章30节)。"光"代表着将我们引入生命的神的话语,因此"乌陵"也是代表着本为光的神。乌陵出版社为了用真光照亮整个世界,如今正在以祷告和赤诚奔跑在文书宣教的前沿。

序言

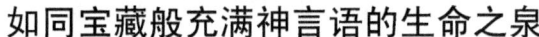

如同宝藏般充满神言语的生命之泉

耶路撒冷圣殿靠近羊门有一个池子，叫作"毕士大"，池子旁边躺着许多患各样病症的人。因为有传闻天使按时下池子搅动那水，水动之后，谁先下去，无论害什么病就痊愈了。其中有一个人病了38年，他虽因病痛苦许久，却仍抱着病得痊愈的希望，始终没有离开池旁。

耶稣看出病人的心思，便向他伸出了爱之手。就问他说："你要痊愈吗？"，他便倾诉自己的难处，即使水动的时候，因没有人把他放在池子里，就有别人比他先下去。病人如此的回答，耶稣对他说："起来，拿你的褥子走吧！"这时，他的身上有一股莫名的力量临到，耶稣仅仅说了一句话，却使一个病了三十八年的人立刻得到痊愈。

有一天，耶稣经过撒玛利亚的时候到了一座城，名叫叙加。正好有一个妇人来井边打水。为了传福音耶稣开了口，请求那妇人给他水喝。然后，开始讲述神恩赐的礼物——圣灵，并见证自己就是赐永生水的那一位。接着，耶稣又提到妇人有五个丈夫。

一个萍水相逢的人，如此参透自己的身世和处境，因此妇人认为耶稣是先知。对此，耶稣表明自己是弥赛亚。妇人因遇见弥赛亚而喜出望外，扔下水罐子，箭步跑向城里，见人就传耶稣。听妇人的传道，城里的人便邀请耶稣给他们讲福音，许多人因此得到更新变化。

可见，耶稣口里所出的话语带有无限的能力和创造之大能，能够解决任何人生的问题，并医治疾病，赐给真正的生命。箴言13章14节记载："智慧人的法则(或作"指教")是生命的泉源，可以使人离开死亡的网罗。"生命的泉源是指生命水，即神的话语，而神的话语能够解决人生的各种问题，消除各样的困苦。

创造主神全知全能，在祂没有难成的事。祂预知一切，在圣经里记载了人类的开始和结束，以及人生问题的所有答案。当我们依靠这位神，遵照祂的话语而行，不仅可以获得永恒的生命，还可以拥有从上头来的智慧和明哲，人生之路确保亨通。

《生命之泉》是刊登于基督教新闻的部分内容收集的信仰专栏，编辑成用于装备话语和家庭礼拜的灵书。此书包括创造主神和耶稣基督，得救，圣灵，礼拜，祷告，信心等信仰的基础内容；还指明了成为得神认可的主仆和工人的路径。而且，此书还提示了如何照神的话语解决疾病或物质等生活中遇到的各种问题。

希望每一位读此书的人藉着宝藏般神的话语,得着永恒的生命,在耶稣基督里活出崭新的生命。进而,作为神的儿女,正如你的灵魂兴盛一样,蒙得凡事兴盛,身体健壮的祝福,奉主的名祝愿大家!

2011年1月,在客西马尼祷告处,
李载禄牧师

目录

第一部分
在耶稣基督里的新生活

神造人的旨意
如何成为神的儿女
为什么唯有耶稣能成为救赎主？
复活的属灵意义
真正的安息
如何领受圣灵
重生的奥秘
如何得到永生
属灵的信心伴随行为
妨碍属灵信心的因素
主所愿的新妇

第二部分

祈求，寻找，叩门

如何遇见神
神所悦纳的礼拜
得神喜悦的赞美
耶稣立了祷告的榜样
祈求，寻找，叩门
信心，爱，义人的祈求
要先求神的国和神的义
凡事都能的人
与圣灵联合的同心合意的祷告
神喜悦的禁食祷告
履行许愿的矢志不渝的心
与神同行的人生

第三部分
应允从耶和华而来

仰望的法则
如何成就心愿
肯定的信心告白
感谢耶和华
等候耶和华的人
真正的救济
献一千燔祭的至诚之心
不蒙应允的理由
如何凭靠话语顺从

第四部分
医治的耶和华

疾病的原因和医治
医治软弱
求主帮助我
拆毁罪墙
口中告白的重要性
脱掉外衣
如何享受真正的平安
如何战胜压力
得蒙应允的属灵的法则

第五部分
神所喜悦的工人

良善的管家
负责任的人
义人
正直的人
主所称赞的人
惟随从圣灵而行
如何结出丰盛的果子
与众人和睦
如何在主里合而为一
按所行所种偿还的天国居所和赏赐
服侍的人为大

第六部分
卓越之人，有福之人

当代完全的人——挪亚
蒙福之人亚伯拉罕
凡事亨通的约瑟
在神全家尽忠的摩西
合神心意的大卫
蒙神恩宠的但以理
用香膏抹主的抹大拉的马利亚
拥有不改0变的信心的使徒保罗
卓越之人，蒙福之人

第一部分

在耶稣基督里的新生活

神造人的旨意 / 如何成为神的儿女 / 为什么唯有耶稣能成为救赎主？
复活的属灵意义 / 真正的安息 / 如何领受圣灵 / 重生的奥秘
如何得到永生 / 属灵的信心伴随行为 / 妨碍属灵信心的因素 / 主所愿的新妇

若有人在基督里，他就是新造的人，旧事已过，都变成新的了。
（哥林多后书 5:17）

神造人的旨意

技艺精湛的陶匠精挑细选上好的瓷土，历尽辛苦和忍耐，制作出名贵的青瓷或白瓷等。首先，在瓷土里加水混合成泥浆，其次将泥料拉制成各种形状，然后在坯体上进行刻花、彩绘等艺术加工，接着在成型的坯体表面施以釉浆，最后高温烧制，制作出精美绝伦的陶瓷。相反，有些人用同样的瓷土，仅制作出平淡无奇的陶器。如此，根据谁用什么材料制作，成品的价值大不相同。

全知全能的神照着自己的形象造人，且造得非常荣美（创1:27）。神造亚当为属灵的存在，不仅是亚当的外表，连根本的心也照着高贵神的形象造成。"我们的主，我们的神，你是配得荣耀、尊贵、权柄的，因为你创造了万物，并且万物是因你的旨意被创造而有的。"（启4:11）圣经告诉我们，神带着明确的目的创造了万物。那么，神造人的最终目的是什么呢？

第一，神想要得到真儿女。

传道书12章13节记载："这些事都已听见了，总意就是敬畏神，谨守他的诫命，这是人所当尽的本分。" 神想要得到与神进行属灵的交通，敬畏神，并按照神的旨意生活的真儿女。但是，第一人亚当犯罪以后，随着时间的流逝，全人类渐渐丢失了原来被造的形象，逐渐沾染了罪恶。若知道人的身心是照着神的形象造的，以及人的本分是什么，就应该照着神的话语生活，成为圣洁的真儿女。

第二，神想要得到荣耀。

神真是配得荣耀的一位。祂创造了天地万物，不仅全知全能，而且是毫无黑暗的光，是圣洁的一位。当我们归荣耀于神时，神并不单单接受我们的荣耀，而是用溢满的祝福来偿还我们，将来在天国也会赐予我们永恒的荣耀。以赛亚书43章7节记载："就是凡称为我名下的人，是我为自己的荣耀创造的，是我所作成、所造作的。"因此，我们或吃或喝，无论做什么，都要为神的荣耀而做。也就是说，我们要行事良善，成为世上的光与盐，归荣耀于神。

第三，为了分享爱。

神不仅有神性，还有人性，祂愿与我们分享爱。天国有很多天使，他们像机器人一样百依百顺，但他们没有自由意志，所以无法发自内心分享爱。神希望得到的是，在自由意志中能够由衷的爱神，并能够与神分享爱的对象。因此，神照着自己的形象造了人，且以极大的爱看顾人，并带领人进入天国。

若想成为神的儿女

若父亲是一国君王，其子女的权势之大不言而喻，无需吃苦耐劳，也可以在雍容华贵的王宫里享尽荣华富贵。更何况，若是创造天地万物的神成为我们的父，其子女的权势又该多大多么了得呢！

当我们成为神的儿女时，我们的名字就被记录在天国的生命册上（腓4:3），获得天国的子民权（腓3:20），在天国得享永恒的荣耀。当然，在这地上也能享受正如灵魂兴盛一样，凡事兴盛，身体健壮的祝福。那么，若想成为神的儿女，享受如此的权柄，该怎样做呢？

第一，要接待耶稣基督为救主。

约翰福音1章12节记载:"凡接待他的,就是信他名的人,他就赐他们权柄,作神的儿女。" 耶稣作工当时,犹太人对外邦人或混血的撒玛利亚人避之不及。所以去加利利时,宁可绕远路而去,也不走捷径——撒玛利亚。但耶稣却一视同仁,为了拯救撒玛利亚人,毫不介意走进撒玛利亚地。耶稣在那里遇到一个打水的撒玛利亚妇人,就说:"请你给我水喝。"(约4:7)耶稣在敲她的心门,使她可以打开心门接待主。当主敲打我们心门时,我们打开心门接待主,神便施与我们救恩,这就是神的旨意。

第二,要相信耶稣基督的名。

耶稣在约翰福音3章16节记载:"神爱世人,甚至将他的独生子赐给他们,叫一切信他的,不至灭亡,反得永生。" 这节经文告诉我们,若要得救,我们必须要有信心。但这信心不仅仅是称呼主为"主啊,主啊"的嘴上喊的信心,而是照神旨意遵行的信心(太7:21)。

当我们接待耶稣基督为救主，神就会赐圣灵为礼物。圣灵进入我们心中，就会教导我们真理，让我们想起耶稣所说的一切，帮助我们认识到自己是罪人，并让我们相信耶稣基督的名。因此，我们能领悟到神的旨意，即神为何造人，人如何走向灭亡之路，耶稣为何成为我们的救赎主等。当我们明白以后，我们便发自内心告白："你是基督，是永生神的儿子。"（太16:16）这样的人会按照神的话语努力去行，因此能得救进入天国。

为什么唯有耶稣能成为救赎主？

詹姆斯·杨·辛普森是氯仿麻醉先驱。他发现的氯仿麻醉剂减轻了很多手术患者的痛苦。在他的晚年有一个学生提问："老师，您的平生里最大的发现是什么？" 对此，他给出了出乎意料的回答："我最大的发现：第一，我是罪人，第二，耶稣是我的救主。"

正如他的告白，耶稣背负全人类的罪，代替人类钉死在十字架上，三天后复活，成为全人类的救赎主。世上唯有耶稣才是人类的救赎主，其理由是什么呢？

第一，耶稣降世为人。

第一人亚当从神那里只接受了真理的教导。因此，他的心里只存有善、爱、公义等真理。然而，他却摘吃了神禁止的善恶果，犯了不顺从的罪，罪便乘虚而入。因此，他和他的后裔都成了罪人，全人类无人能幸免于罪的束缚，无人能靠自己摆脱罪的重担。

但是，若有具备合乎资格的人代替人类付出罪的代价，人就可以卸下罪的重担。为了赎人类的罪，救赎主当具备的第一个条件是，必须是人。因为罪从亚当而入，救赎主也应当是像亚当一样的人（林前15:21）。罪的重担不是天使或动物所能代替背负的。因此，本为道的神，为了替人类背负罪的重担，披戴肉身降世为人，祂就是耶稣（约1:14）。

第二，耶稣不是亚当的后裔。

亚当的后裔都是带有原罪之人，故没有能力替人赎罪。就如债台高筑，根本没有偿还能力之人，无法替人还清所欠的债务。但耶稣在神的能力中，借着童贞女马利亚的身体，以圣灵感孕（太1:20），因此祂不是亚当的后裔，就可以替人赎罪。

第三，耶稣有赎罪的能力。

若想帮助负债累累的弟弟，当哥哥的必须财力雄厚。同样，若想成为罪人的救赎主，就必须有赎罪的能力。在灵界里，无罪便是能力。耶稣以圣灵感孕，没有从祖先遗传下来的原罪，自己也完全遵守律法，故此也没有自犯罪。所以，耶稣有代赎罪的能力。在耶稣的属灵权柄面前，仇敌魔鬼撒但屈服，各种疾病得到医治，天下万物也服从。

第四，耶稣有爱。

即使具备了上述三个条件，若没有爱，也不能成为人类的救赎主。若想赎人类的罪，必须以无罪之身，被钉在木头十字架上流血而死（加3:13，来9:22），就像世上最残忍的凶恶之徒，受尽各种嘲讽和蔑视一般。若没有爱，谁能甘愿承受这般牺牲的代价呢！耶稣因为有这样的爱，甘心被钉死在十字架上，成为全人类的救主。因此，我们唯有通过耶稣基督才能得到救恩（徒4:12）。

复活的属灵意义

亚当犯罪后,人类受其罪的代价,只能下入地狱(罗6:23)。为了拯救人类,无罪的耶稣必须替人类而死。无论承受怎样的痛苦和牺牲,神都愿意拯救人类,源自神这般慈爱和怜悯,独生子耶稣背负了十字架。但是,就因为耶稣没有罪,祂可以复活成为复活初熟的果子。因此,相信耶稣基督而得救的人,要等待再来的主,而生活在复活的盼望中。那么,耶稣基督的复活所蕴含的属灵意义是什么呢?

第一,意味着永远的胜利。

罪的工价乃是死,所有人都在这一律法的咒诅之下。耶稣代替沦为罪人的人类,被钉在十字架上,接受了死亡的刑罚。但因耶稣无任何罪，所以打破死亡权势复活得胜了。因此，无论何人只要凭信与主联合，合而为一，就可以从死亡权势中解脱出来，不仅可以得救，还可以拥有永远的天国。

第二，象征与神和好。

旧约时代，每当人犯罪时，都会宰杀牲畜向神献祭，以便罪得赦免。但耶稣成为挽回祭，代赎我们的罪，复活得胜，一次性拆毁了神与我们之间隔绝的罪墙（约一2:2）。因此，耶稣基督的复活象征着与神和睦。

第三，让人拥有复活的盼望。

耶稣基督成为复活初熟的果子，因此，在基督里得救的所有人都会复活（林前15:52）。因为有复活的盼望，神的儿女在面对任何事情时，都不会失去喜乐和感谢。若明天能一跃成为亿万富翁，那么，就算今天没有果腹的食物，也能感谢，这是一样的道理。

进而，仰望天上的赏赐和荣耀，可以满怀喜乐地尽忠。

真正的安息

每个人都肩负着各自的人生担子。小孩子一般七八岁就开始上学,有的人在近20年的学业生涯里以苦作舟,探索知识。但并不是结束学业就万事告成舒心生活,而是要投入到竞争激烈的社会,苦思冥想"如何才能快速晋升,得享丰衣足食的生活",并为此劳心劳累。到了时候,就结婚生子,尝到执子之手与子偕老的幸福,与此同时,也不免还有守护家园的辛苦。

除此之外,还有很多担子:丈夫作为一家之长,要治家有道,带好家庭;妻子作为贤内助,要相夫教子,组成好家庭;父母要精心培养孩子,孩子要赡养父母;作为职场的一员或一个国家的公民,有应负的责任等，每个人都有大大小小的担子。

但比起这一切，还有更重更大的担子，那就是罪的重担。知道创造主神活着作工，有天国和地狱的人，会意识到罪的重担最大。罪，导致疾病和灾殃；罪，引起人生的各种问题发生；罪，最终带人下入地狱。为了解决罪带来的所有问题，大约两千年前，耶稣来到这地上。

耶稣向我们传达了爱的信息："凡劳苦担重担的人，可以到我这里来，我就使你们得安息。"（太11:28）

我们只有来到耶稣面前，接待祂为救赎主，走上信心之路时，罪的问题才能得到解决。耶稣又说："你们当负我的轭，学我的样式，这样，你们心里就必得享安息。"（太11:29）耶稣的轭指的是唯有顺从神的旨意，只按照祂的话语所行的耶稣的一生（腓2:5-8）。若我们效法耶稣的人生，我们也能怀着基督的心肠，成为顺从神旨意的人。牛套上轭，开垦贫瘠的土地为松软的沃土，就能收获丰硕的果实。

同样，若我们背上耶稣的轭，向耶稣学习，我们的心田就会开垦为好土，不仅从神得到丰盛的祝福，还会得到天国和永生。当我们争吵、生气、不和睦时该多么痛苦呢？但若像耶稣一样，不恨任何人，爱所有人，心里就喜乐幸福。若要得享真正的安息，请将所有重担放在耶稣基督面前。愿大家在神的爱里得享平安与祝福，神将引导大家进入没有眼泪、悲伤和痛苦的永恒的天国。

若领受圣灵

礼物虽轻,却包装精美,爱意满满,因此互送时的喜乐之大也不言而喻。但比起世上任何价值不菲的礼物,更加高贵贵重的礼物就是神赐予我们的"圣灵"。圣灵是神的心,在接待耶稣基督时赐给我们,作为神儿女的凭据(林后1:22)。

复活的主升天以后,门徒们和信主的人每天都聚在一起祷告。有一天,忽然从天上有响声下来,好像一阵大风吹过,充满了他们所坐的屋子;又有舌头如火焰显现出来,分开落在他们各人头上。他们就都被圣灵充满,按着圣灵所赐的口才,说起别国的话来(徒2:2-4)。当圣灵降临在我们心里,我们就有遵行话语生活的能力,最重要的是我们能感受到神的爱,壮胆传福音。那么,圣灵的具体作用是什么呢?

第一，散发真理的光。

发电机启动就会产生电能，如果将电能连接到灯泡，灯泡就会发光，照亮房间。同样，当圣灵来到我们心中作工，罪和非真理等黑暗就会退去，取而代之爱，喜乐，感谢等真理便会发光。

但是，发电机本身并不能自动产生电能并发光，需要启动发电机。神赐给我们圣灵，这位圣灵发挥的作用就如发电机一样，但启动圣灵是我们该做的事情。当我们遵行神的话语，得到圣灵的充满时，圣灵这一发电机就会运转有力，照亮周围的一切。

第二，赐给我们战胜世界的能力。

世上文化被罪恶浸染的程度每况愈下，当我们取世界之乐，圣灵就会用神的话语责备我们，帮助我们用真理来分辨。因此，哪怕我们享受着属世的宴乐，也不至于流连忘返，而能听到圣灵的叹息声，及时回心转意。另外，圣灵又赐给我们祷告的能力，让我们能够离弃爱世界的心。当如火般祷告时，圣灵让我们尝到生活在圣灵里的喜乐,帮助我们爱神胜过爱世界。而且,圣灵也常常安慰和鼓励为了离弃爱世界的心而努力的神的儿女。

第三,使我们过富足的生活。

在圣灵的帮助下,遵行神的话语生活,心里就会临到喜乐和平安,物质健康等诸多祝福也会随之而来。因为灵魂兴盛,所以凡事兴盛,身体健壮,得享灵肉间真正的祝福。司提反执事充满了神的恩典和权能,大显神迹奇事,借着圣灵充满说出智慧的言语时,无人能抵挡。如此,一个圣灵充满的人,可以彰显神迹奇事,其生活中充满神的爱和恩典。

重生的奥秘

耶稣彰显了用水变葡萄酒的神迹,以此拉开了祂事工的序幕。祂医治病人,传讲天国的福音,很多人看到神迹后相信了耶稣。犹太人的官员尼哥底母也听到了关于耶稣的传闻。有一天晚上,他悄悄地来见耶稣,告白说"你是由神那里来的。"他之所以这么说,是因为耶稣所行的神迹不是任何人都能做到的。

于是耶稣告诉心地善良的尼哥底母,人若不重生,就不能见神的国(约3:3)。尼哥底母听不明白,很好奇"人已经老了,如何能重生呢?"对此,耶稣用一个比喻解释了从水和圣灵重生的奥秘。

那么,从水重生意味着什么呢?

水指的是永生水，即神真理之道，以及道成肉身来到这地上的耶稣。约翰福音4章14节记载："人若喝我所赐的水，就永远不渴。我所赐的水要在他里头成为泉源，直涌到永生。" 因此，从水重生意味着接待耶稣基督，凭信罪得赦免，重生为神的儿女。

接下来，从圣灵重生意味着什么呢？

第一人亚当犯罪以后，所有人的灵都死去了，便成了无法与神交通的存在。然而，无论是谁只要接待耶稣基督，并领受圣灵，死灵就会复活。那么，名字就会被记录在天国的生命册上，可以称神为"阿爸父"（加4:6）。另外，圣灵借着真理之神的话语，让人领悟罪和义和审判，叫人可以离弃罪，行义，活出配得神儿女名分的生活。

种下种子后，直到收获果实，要殷勤开垦。同样，借着圣灵的帮助死灵得以复活，就应该让灵成长。应该顺着圣灵而行，遵行神的话语，变化为真理的心。这就是从圣灵生灵的过程，在这过程中必不可少的就是祷告。越是努力诚心祷告，越是得到神的恩典和圣灵的帮助，遵照真理生活。随着变化为真理的心，我们的灵就更加茁壮成长，进入更美好的天国。愿大家领悟重生的奥秘，不仅重生为神的儿女，还要变化为圣洁的属灵之人，得以住在神宝座周围。

若想得到永生

每个人都渴望健康幸福的生活，这是人之常情。然而，人再强壮，活100年也不容易，总有一天也会死去，归于一把尘土。想要长生不老的中国的秦始皇，面对死亡也无能为力，终究一命归西。

然而，耶稣却告诉我们有永生之路。约翰福音6章53-55节 耶稣说："我实实在在地告诉你们：你们若不吃人子的肉，不喝人子的血，就没有生命在你们里面。吃我肉、喝我血的人就有永生，在末日我要叫他复活。我的肉真是可吃的，我的血真是可喝的。"这段经文告诉我们，若想得永生，就必须吃人子的肉，喝人子的血。

那么，什么是人子的肉，应该怎么吃呢？

约翰福音1章1节说:"太初有道,道与神同在,道就是神。"约翰福音1章14节说:"道成了肉身,住在我们中间。"耶稣是道成肉身来到这地上的一位,所以,耶稣的肉是指神的道。因此,吃耶稣的肉意味着将神的道当作灵粮的意思。

要想把神的话语当作灵粮,就要认真读圣经,在礼拜时间好好聆听话语(诗1:2)。

但是,光装在头脑里为知识,并不能说当作灵粮。必须要遵照话语改变自己的心,在心里填满善、爱等真理,才是真正当作灵粮。

接下来,什么是人子的血,应该怎么喝呢?

吃食物时需要饮水,同样,为了消化神的话语,我们吃的同时也要喝"真正的饮料",即"耶稣的血"。喝耶稣的血是指凭信心遵行神的话语。耶稣的血是宝血,没有任何瑕疵。利未记17章14节记载:"因为一切活物的血就是他的生命。"希伯来书9章22节记载:"若不流血,罪就不得赦免了。"因此,耶稣为了代赎我们的罪,流下了宝血。

即使耶稣代赎了我们的罪，也不是每个人都能罪得赦免。约翰一书1章7节记载："我们若在光明中行，如同神在光明中，就彼此相交，他儿子耶稣的血也洗净我们一切的罪。" 赦免一切罪过的耶稣宝血之能力，淋漓尽致地体现在行在光明中的人身上。这里的"光"是指神的话语，因此，遵照话语而行就是行在光明中。如此，当我们吃人子的肉，喝人子的血，即殷勤听神的话语，当作灵粮，凭信行道时，才能得到永生和天国。

属灵的信心伴随行为

信心之父亚伯拉罕生活在迦勒底的吾珥,那里的人们拜偶像非常严重,所以神叫亚伯拉罕离开那里,并赐予他应许的话语。神给亚伯拉罕远大的梦想,就是不计其数的后裔和列王将从他而出,并且地上万国都必因他的后裔得福(创22:17-18)。

亚伯拉罕相信神,夜晚望着繁星点点,白日看着橡树结的累累硕果,想起神祝福的应许。然后,所到之处都筑起了祭坛。到了时候,神立了亚伯拉罕的孙子雅各为以色列的祖先,并通过他的十二个儿子奠定了建立一个国家的基础。在十二支派中,作为犹大支派的后裔,将耶稣差遣到这地上,为万民开辟了得救之路。如此,真正的信心是"心中所怀所望的

成为现实，在现实中看不见的事却成为能见到的实据。"（来11∶1）

信心有属肉的信心，也有属灵的信心。

属肉的信心是相信从有造有的信心。拥有这种信心的人，只相信"桌子是用木材做的"等符合科学和逻辑的事实。神的话语也只相信符合自己想法和理论的部分，所以无法完全行道（雅2∶26）。

相反，若拥有属灵的信心，即使眼睛看不见，不符合自己所学的知识，也全然相信圣经中记载的所有神的话语。相信靠神的能力红海分开，日月停止运行，死人复活等等。这种信心是相信从无造有的信心，并伴随行为的活的信心。

只有拥有属灵的信心，我们才能在地上蒙福，在天国享受永生福乐。马太福音7章21节记载："凡称呼我'主啊，主啊'的人，不能都进天国；惟独遵行我天父旨意的人，才能进去。"照此话语，只有伴随行为的活信心才能体验神的能力，也能进入天国。

妨碍属灵信心的因素

属灵的信心是宝中之宝。若拥有此信心，就可以得救进入天国，凡祷告的都能蒙应允。但属灵的信心不是随己意想拥有就可以拥有。各人能拥有多少属灵的信心，要照着神所分给各人信心的大小来定夺（罗12:3）。若是人们随心所欲地拥有属灵的信心，那么各种问题会层出不穷。因为恶做祷告的人，若有属灵的信心，就会照他所求成就恶事。

因此，公义之神只有对那些受之无愧的人给予蒙应允的属灵的信心。信仰年限虽长，但仍没有属灵的信心，其原因是什么呢？

第一，肉体的意念。

人们在生活中无时无刻都在思想。其中既有神喜悦的属灵的意念，也有与之相反的肉体的意念。肉体的意念是指一切与真理相反的意念，因为不遵从神的旨意，最终导致死亡（罗6:23）。

罗马书8章6-7节记载："体贴肉体的就是死，体贴圣灵的乃是生命平安。原来体贴肉体的，就是与神为仇，因为不服神的律法，也是不能服。"相反，属灵的意念遵从神的旨意，因此生出属灵的生命，使人平安。

第二，情欲的事。

情欲的事是指心里的非真理的属性通过具体的行为所表现出来的一切。小到谎言、辱骂、争吵等，大到暴行、杀人等，凡是行为上表现出来的每一种罪都属情欲的事。加拉太书5章19-21节记载："情欲的事都是显而易见的，就如奸淫、污秽、邪荡、拜偶像、邪术、仇恨、争竞、忌恨、恼怒、结党、纷争、异端、嫉妒、醉酒、荒宴等类。我从前告诉你们，现在又告诉你们，行这样事的人必不能承受神的国。"

只有离弃显而易见的情欲的事,以及琐碎的情欲的事,才能拥有属灵的信心。

第三,一切与神道相反的理论和意念。

世上理论只相信从有造有的事情,这使人无法拥有相信从无造有的属灵信心。例如,若想拥有属灵的信心,必须深信不疑神创造天地万物的事实。然而,学过进化论的人因受进化论知识的阻碍,很难相信神从无造有的事实。因此,若想拥有属灵的信心,必须将各样的计谋,各样拦阻人认识神的那些自高之事,一概攻破,又将人所有的心意夺回,使他都顺服基督,正如哥林多后书10章5节所记载的。

主所愿的新妇

旧约圣经以斯帖记第2章记录亚哈随鲁王挑选王妃的过程，从全国各地挑选美貌的少女，精心打扮12个月后，最终选择出类拔萃的少女为王妃。"众女子照例先洁净身体十二个月：六个月用没药油，六个月用香料和洁身之物。满了日期，然后挨次进去见亚哈随鲁王。"（斯2:12）

嫁给地上君王的新妇尚且如此悉心妆扮，更何况是作主的新妇，该多么精心打扮呢！圣经把耶稣基督比作新郎，把信主的圣徒比作主的新妇。那么，让我们察看一下，如何具备主所愿的新妇的资格。

第一，要拥有坚固的信心。

无论新妇多么天生丽质，若不能百分百相信新郎，而用情不专，这对彼此来说都是不幸的事情。同样，若主的新妇对主三心二意，反复无常，就不能成为主的喜悦。只有照着神的话语，遵行真理，在任何环境和逆境中都不摇动，拥有如此笃信不疑的信心时，才能成为主所愿的美丽的新妇。

第二，心要清洁。

当用灵水即神的道，洗去心中充满肮脏的罪、不义和不法时，就会成为圣洁的主的新妇。曾经爱生气吵架的人，当离弃血气变化为温柔的人；曾经骄傲的人，当变化为谦卑服侍的人。总之，要变化为心如绸缎般柔软美丽，要与众人和睦。清心的人，不但仪表端庄得体，使自己的周边环境也是安排的井然有序，干净利落。

第三，要时刻儆醒预备灯油。

油意味着祷告和圣灵充满。预备灯油意味着从属灵的沉睡中醒来，祷告离弃罪，得到圣灵的充满。

即使有灯，若没有油，也不能点亮灯，同样，接待主的人若不祷告，也不能做好新妇装扮。因为圣灵不充满，所以得不到遵行话语生活的能力，只能与世为友。然而，有一天主突然来接你，你该怎么办？你也不能说："我还没有预备好，请主再等等。"（太25:1-3）因此，愿各位时常儆醒，献上如火般的祷告，得到圣灵的充满。

第二部分

祈求,寻找,叩门

如何遇见神 / 神所悦纳的礼拜 / 得神喜悦的赞美 / 耶稣立了祷告的榜样
祈求,寻找,叩门 / 信心,爱,义人的祈求 / 要先求神的国和神的义
凡事都能的人 / 与圣灵联合的同心合意的祷告 / 神喜悦的禁食祷告
履行许愿的矢志不渝的心 / 与神同行的人生

"你们祈求,就给你们;寻找,就寻见;叩门,就给你们开门。"
（马太福音7:7）

如何遇见神

风虽看不见，却可通过肌肤之感或随风摇曳的物体来确认它的存在。同样，我们通过万物中蕴含的神的永能和神性，以及神所彰显的神迹奇事可以证明永活真神的存在。

神是灵，肉眼是看不见祂，但祂告诉我们如何遇见神。箴言8章17节记载："爱我的，我也爱他；恳切寻求我的，必寻得见。" 那我们怎样才能遇见永活的真神呢？

第一，通过圣经66卷的话语遇见神。

神通过圣经显明了自己，因此，只有阅读和理解圣经，才能明白神的心意和旨意。另外，在罗马书10章17节记载："可见信道是从听道来的，听道是从基督的话来的。" 所以，我们一定要去教会听神的道。当我们认真聆听和阅读神的话语，得到圣灵的感动，领悟其属灵的含义时，才能了解神的心而亲近神并遇见神。

第二，在祷告中遇见神。

耶利米书29章12-13节记载："你们要呼求我，祷告我，我就应允你们。你们寻求我，若专心寻求我，就必寻见。" 当我们心怀敬畏神的心，屈膝恳切呼求祷告时，会遇见永活的真神。摩西、以利亚、使徒保罗等信心的先知，都是呼求祷告之人，他们都不约而同的经历了神惊人的作工。

第三，可以在赞美中遇见神。

神非常喜悦赞美。赞美是有曲调的祷告，是一种遇见神的方法和道路。无论是谁，只要用心献上灵魂的赞美，就会遇见神。悲伤时得到安慰和喜乐（诗105:2-3），受伤的心灵得到医治（撒上16:23），得到战胜苦难的力量（彼前1:3-7）。

第四，可以在礼拜中遇见神。

旧约时代是通过献祭遇见神。亚伯拉罕常筑坛献祭，所罗门王献上一千燔祭，得以遇见神，并蒙得惊人的祝福。旧约时代的祭祀演变为新约时代的礼拜，因此礼拜成了来到神面前遇见神的通道。当我们以心灵与诚实献上礼拜时（约4:24），会充满天国的盼望和喜乐，并遇见生命之源头的神。

第五，走进善与义，光明与爱当中就能遇见神。

神就在善与义，光明与爱当中。哥尼流虽是外邦人，但他非常敬虔，敬畏神，以救济为乐，并常常祷告。心中充满善的人，从他的言行里自然流露善。哥尼流内心良善，自然而然敬畏神，广施周济。神就给他显明自己，不但是哥尼流，连他的全家，以及朋友都得到了得救的祝福。愿大家时常行在真理中,得以遇见永活的真神,蒙得溢满的祝福。

神所悦纳的礼拜

我们之所以要敬拜神，是因为祂为我们创造了天地万物，并差遣耶稣基督从罪中拯救了我们。创世记4章3-5节记载，礼拜也有神所悦纳的礼拜，也有不蒙悦纳的礼拜。

亚伯顺从神，献上了血祭，神就悦纳他所献的祭。但该隐因随己意献祭，没有蒙神悦纳。这在现今也是同样，照神的旨意献上的属灵礼拜，蒙神喜悦被悦纳。但缺乏诚意和毫无喜乐之心，在杂念中所献的属肉的礼拜，不蒙悦纳。

所罗门尽心竭力向神献一千燔祭，不仅得到空前绝后的智慧；甚至他没有求过的，财富、名誉和长寿之福一并得着（王上3:1-15）。当我们发自内心爱神，以心灵与诚实献上礼拜时（约4:24），神就悦纳我们的礼拜，并赐予我们灵魂兴盛，凡事兴盛，身体健壮的祝福。

神所悦纳的礼拜，不是只参加一次主日礼拜，而是要将我们的生活改换为神所认可的属灵礼拜的生活。属灵礼拜生活的基本就是"要常常喜乐，不住地祷告，凡事谢恩"（帖前5:16-18）。因为这正是神在基督耶稣里向我们所定的旨意。

我们之所以能常常喜乐，是因为耶稣成为挽回祭，从罪恶的深渊中救赎了我们，并打破死亡权势，赐给我们复活的盼望和荣美的天国。凡是相信之人，因有永恒天国的盼望，在任何苦难中都能常常喜乐。

为何要不住地祷告呢？因为祷告是灵魂的呼吸。呼吸停止，人就死亡。同样，当我们停止祷告，我们的灵也无法存活。因此，我们当常常祷告，时常与神交通，灵充满，过得胜的生活。

另外，我们之所以能凡事谢恩，是因为神是我们的父，并应允我们凡我们所求的都赐给我们。我们当凡事谢恩，尤其在困难的境遇中也要常常感恩，这样神会使万事都互相效力，给我们创造更多感谢的条件。愿大家常常喜乐，不住地祷告，凡事谢恩，活出蒙神喜悦的属灵礼拜的生活。

得神喜悦的赞美

保罗和西拉在传福音时，被抓下在监里，在如此暗淡的境遇中，他们也发自内心赞美神。约在半夜，当他们的赞美声响起时，忽然地大震动，甚至监牢的地基都摇动了，监门立刻全开，众囚犯的锁链也都松开了（徒16:25-26）。如此，赞美具有伟大的力量，可以击退黑暗权势，打动全能的神。

赞美在圣经中的含义是指，用诗歌，歌曲，演奏，舞蹈等多种方式表现神的荣耀和威严以及祂所有的作工。诗篇150篇3-4节记载："要用角声赞美他，鼓瑟、弹琴赞美他；击鼓、跳舞赞美他，用丝弦的乐器和箫的声音赞美他；"另外，以弗所书5章19节记载："当用诗章、颂词、灵歌彼此对说，口唱心和地赞美主。"

那么，神会悦纳什么样的赞美呢？

第一，寄托盼望在天国，以喜乐献上的感恩的赞美。

赞美有因亏欠神向神悔改的赞美，也有为了担当好使命而献的赞美。但神最悦纳的赞美是，在天国的盼望中，以喜乐所献的感恩的赞美。

单单仰望天国，愿荣耀归于神的人，时常爱慕圣洁属灵的事，并通过赞美向别人传达心中充满的天国盼望。因心中洋溢着喜乐感恩和爱神之心，神会喜悦悦纳他的赞美。

第二，用心献上的赞美。

用心献上的赞美是指心灵圣洁、没有瑕疵的状态下献上的赞美。神是毫无瑕疵圣洁的，因此神悦纳毫无罪恶，拥有圣洁之心的人献上的赞美。与此同时，若赞美之人外貌端庄，诚心诚意献上赞美，神就会更加喜悦。

第三，以祷告准备的赞美。

只有祷告，我们才能得到圣灵的充满，常常喜乐，凡事谢恩。不仅如此，也只有通过祷告才能离弃来自于世上的肉体的情欲，眼目的情欲，并今生的骄傲（约一2:16）。当如此做到时，心里会临到平安，成就圣洁，能常常献上神所悦纳的赞美。

第四，在圣灵的感动中献上的赞美。

赞美要让听者蒙得恩典，领受感动。为此，赞美之人先要领受圣灵的感动，在恩典中献上美丽的赞美。当如此在圣灵的感动中献上赞美时，神就会悦纳，天军天使也会唱和。此外，也临到神的爱和祝福，积累宝贵的奖赏在天国。

耶稣立了祷告的榜样

祷告是信仰生活中最重要的基本要素之一。通过祷告，不仅能与神交通，心愿得蒙应允，并从上得到能力和智慧，过得胜的生活。相反，若不祷告，就无法正常过信仰生活，灵魂会失去力量，憔悴不堪，所以称祷告为灵魂的呼吸。

神说："所以我告诉你们：凡你们祷告祈求的，无论是什么，只要信是得着的，就必得着。"（可11:24）因此，若是祷告就应该蒙得应允，但有些人即使努力祷告，还是不得应允。这种情况，有必要检查自己的祷告通样子，是否照神的旨意效法耶稣的样子祷告的。那么，我们来考查耶稣是怎样祷告的。

第一，耶稣照常祷告。

耶稣照常去橄榄山祷告（路22:39）。耶稣的门徒彼得和约翰也定时上圣殿祷告（徒3:1）；但以理每天三次向耶路撒冷开窗祷告（但6:10）。要铭记，如此照常祷告是神的旨意（帖前5:17-18）。作为神的儿女，要时常儆醒祷告。

第二，耶稣屈膝祷告。

路加福音22章41节记载，耶稣在背负十字架前跪下祷告的场景。得到火的应允的以利亚，还有使徒保罗等信心的先知们也跪下祷告（王上18:42，徒20:36）。一旦跪下，就会立定心志。另外，跪表达敬畏的心，所以我们理当在创造主神面前跪下祷告。

第三，耶稣照着神的旨意祷告。

耶稣在客西马尼园祷告时，说："父啊，你若愿意，就把这杯撤去，然而，不要成就我的意思，只要成就你的意思。"（路22:42）如此，我们也不要求自己的益处，应该只遵从神的旨意，要献上交托于神的祷告。交托神的祷告是指，相信神使万事都互相效力，给予儿女最好的福分。因此，无论结果如何，都会以感恩和喜乐的心献上祷告。

第四，耶稣恳切地祷告。

路加福音22章44节记载："耶稣极其伤痛，祷告更加恳切，汗珠如大血点，滴在地上。" 这是耶稣在背负十字架的前一天晚上，在客西马尼园祷告时的情景。亚当的不顺从以后，人要汗流满面，辛勤劳苦才能吃地的出产（创3:17-19）。如此，力所能及的事情也要付出流汗的辛苦，更何况，若向神求力所不及的事情，该多么恳切祈求呢？愿大家效法耶稣，照常祷告，具备神所愿的祷告的姿势，照着神的旨意恳切祷告，凡事得到应允。

祈求，寻找，叩门

父母愿意把最好的给儿女，这是天经地义的事情。同样，慈爱的神也希望给儿女们上好的福分。但根据灵界的法则，若我们不求，神就无法给我们。因此在马太福音7章7节说："你们祈求，就给你们；寻找，就寻见；叩门，就给你们开门。" 那么，我们究竟要祈求什么呢？

首先，我们要祈求神的能力和祂的面（诗105:4）。只有神从上头赐下恩典与能力，我们才能战胜世界，遵行神的话语生活。遵行话语，不可或缺的是信心。因此，求神的能力等于是求神赐下信心。

求神的面是指努力了解神，即不信神的人打开心门寻找神，认识神并寻求听到祂的声音。道就是神

（约1:1），因此，知道并领悟圣经66卷话语的属灵含义，就是求神的面。

其次，要祈求神的国和祂的义（太6:33）。我们越是热心传播耶稣基督，就有更多的灵魂得到拯救，扩张神的国度。因此，祈求神的国是指为民族福音化和世界宣教祷告，让天下万民得到拯救。另外，求神的义是指为了成就圣洁祷告，即听了神的话语后领悟，出黑暗入光明，效法神的圣洁而祷告。

另外，作为主的工人，要为担当使命而祈求（林前4:2）。首先，要祈求成为神国度的工人，已经是工人，就要祈求担负使命的能力。不但担负好已经交托给自己的使命，而且还要担负更大的使命，为此要求得能力。

除此之外，还要祈求日用的饮食（太6:11）。这意味着我们需要祈求生活所需的衣食住行，工作场所的祝福，家人的健康，物质等。为了让我们过福杯满溢的生活，神早已通过耶稣基督代赎了一切贫穷和疾病。因此，先求神的国和祂的义之后，也要求生活所需的东西，过上富足、健康、凡事亨通的生活。

那么，我们该寻找什么呢？

寻找是指让我们寻回失去的神的形象。第一人亚当本来是照着神的形象被造为生灵。但亚当不顺从神的话语，走上了死亡之路，因为罪的工价乃是死，最终失去了神的形象。因此，我们必须找回失去的神的形象。当我们接待耶稣基督，就领受圣灵为礼物，死去的灵便复活，得以恢复失去的神的形象。

最后，叩门是什么意思呢？

叩门意味着我们要敲神的心门而得到应允。为此，我们必须遵行神的话语，取悦神。神喜悦我们，就会敞开天上的恩门，给予我们应允与祝福。

信心，爱，义人的祈求

祷告是开启一切应允和祝福的钥匙。当祷告打动神的心时，才能得到应允与祝福。那么，让我们一起察看一下，该献上怎样的祷告才能迅速得蒙应允。

第一，信心的祈求。

藉着摩西先知信心的祷告，以色列得以在与亚玛力的战争中大获全胜（出17:8-16）；藉着约书亚的祷告，日头和月亮停止运行，约有一日之久（书10:13）；以利亚恳切地祈求，得到了从天降火的应允（王上18:38）。这在今天也一样，凡是对神坚信不疑，献上信心的祷告的人，都能体验到神惊人的作工。

第二，爱的祈求。

属肉的爱求自己的益处，而且容易变质。相反，属灵的爱求对方的益处，牺牲自己，历久弥新，绝不改变。若真正拥有属灵的爱，就会爱人如己，将心比心，设身处地求对方真正需要的。神垂听出于真爱的祷告，并迅速赐下应允。

第三，义人的祈求。

这是指效法主的良善美丽的心，只照着神的旨意恳切祈求的祷告。以色列人在出埃及前往迦南地的旅程中，屡屡悖逆神，还造了金牛犊来崇拜。对此，神勃然大怒，说要消灭百姓，通过摩西重新建立一个大国。但摩西以自己的生命为担保，为百姓祷告，神就转意不灭绝他们。比起数百万以色列百姓，神更珍惜效法神心意的摩西一人，应允了他的祈求。如此，义人祈祷所发的力量是大有功效的（雅5:16）。

要先求神的国和神的义

圣经里有很多关于祷告的话语。其中马太福音6章33节记载:"你们要先求他的国和他的义,这些东西都要加给你们了。"(太6:33)神希望我们祷告的时候,先求神的国和神的义。

那么,求神的国是什么意思呢?

这是指传播福音拯救灵魂,并为此祷告的意思。复活的主在升天之前,最后嘱咐门徒们的话就是:"但圣灵降临在你们身上,你们就必得着能力;并要在耶路撒冷、犹太全地和撒马利亚,直到地极,作我的见证。"(徒1:8)

人类沦为仇敌魔鬼撒但的奴仆,只能灭亡,主为了代赎人类的罪,被钉死在十字架上,之后打破死亡权柄，三天后复活了。从此以后，无论是谁只要接待耶稣基督，相信祂的名，就可以罪得赦免，并获得作为神儿女的权柄，得到救恩。因此，越是传播耶稣基督，神的国度越是扩张，而仇敌魔鬼撒但的阵营越是被击毁。我们当铭记这样的事实，热切为传播福音祷告。为教会和主仆，圣殿建筑，教会工人，以及世界宣教祷告都属于这一范畴。

其次，求神的义是什么意思呢？

这是指为了效法主的心，成为遵行神话语的义人而祷告的意思。彼得前书1章16节记载："因为经上记着说：'你们要圣洁，因为我是圣洁的。'"马太福音5章48节记载："所以你们要完全，像你们的天父完全一样。"因此，作为神儿女，我们也当热切为全然成就义而祷告。

凡事都能的人

如今，科技与医学取得了耀眼的发展，但仍有很多事情是人的能力无法做到的。但在信心里是无所不能的，因为不是靠人的能力，而是靠全知全能的神的能力来成就。圣经中记载了无数的证据，便于人们相信并体验有无所不能的信心的世界存在。

同时，圣经也详细记录了哪些人体验了信心的世界，他们的哪些方面得神认可，而蒙得神的应允与祝福。马可福音9章23节记载："你若能信，在信的人，凡事都能。"正如此话语，真正相信神的人就应该凡事都能。那么，在信心里无所不能的人会是什么样子呢？

第一，在神面前没有罪墙。

以赛亚书59章1-2节记载："耶和华的膀臂并非缩短，不能拯救，耳朵并非发沉，不能听见。但你们的罪孽使你们与神隔绝，你们的罪恶使他掩面不听你们。"若在神面前有罪墙，即使祷告也得不到应允，也无法领悟神的旨意。因此，不能顺从神的旨意是显而易见的。若在神面前有罪墙，就应该痛悔认罪，迅速拆毁罪墙。

第二，遵照神的旨意行事。

马太福音22章37节记载："你要尽心、尽性、尽意，爱主你的神。"因此，无论自己有多喜欢的事，若不是神的旨意，就不要做。而且，无论自己所不愿意的事，只要是神的旨意，就当遵行。当我们如此尽心尽意尽赤城遵从神的旨意时，神就会赐给我们完全的信心。

第三，爱神而使神喜悦。

约翰福音14章21节记载："有了我的命令又遵守的，这人就是爱我的；爱我的必蒙我父爱他，我也要爱他，并且要向他显现。"当我们爱神，遵守神一切的诫命，无论吃喝都为神的荣耀而活，神就喜悦我们，赐给我们信心，让我们相信靠人的力量无法做到的事情，靠神的能力能够做到。愿大家在凡事蒙神喜悦，凭靠信心凡事都能，获得荣耀神的生活。

与圣灵联合的同心合意的祷告

耶稣告诉门徒们如何通过祷告得到应允。其中之一就是马太福音18章19节的话语:"我又告诉你们:若是你们中间有两个人在地上同心合意地求什么事,我在天上的父必为他们成全。"同心合意的祷告是指,合心合意献上的祷告,这个祷告有威力的理由是什么呢?

两个人在地上同心合意祷告在属灵上意味着与圣灵联合祷告。无论是一个人还是两个人以上,只要与圣灵联合,照神的旨意祷告,都表现为"两个人同心合意的祷告"。我们接待耶稣基督,圣灵就会来到我们心中,使因罪而死的灵活过来。圣灵在神儿女的心中帮助,引导他们走向真理。圣灵拥有神的心,祂参透万事,就是神深奥的事也参透了(林前2:10),就照着神的旨意替圣徒祈求（罗8:27）。因此，若顺着圣灵的主管祷告，神就会悦纳，并应允我们一切所求的。

我们怎样才能常与圣灵合一祷告呢？

我们的心要变化为灵，即真理。我们遵行神的话语，按着变化为灵的程度，圣灵越是清晰地主管我们，让我们听到圣灵的声音，领悟神的旨意。当我们听到圣灵的声音，并顺从圣灵的主管而行，就会得到圣灵的感动感化与充满，我们的心能与圣灵合而为一。

当我们的心与圣灵合而为一祷告时，其祷告的威力是无比的强大。一个人与圣灵连合祷告，其祷告带来的果效不容小觑，更何况众人同心与圣灵合一献上的祷告，其威力该多么强大呢！愿大家时常与圣灵连合祷告，不但家庭、工作、事业上的问题得以迎刃而解，而且时常体验神惊人的作工！

神喜悦的禁食祷告

有一天,有人带一个被癫痫鬼附身的儿子到门徒那里,他们却不能医治他。耶稣说:"把他带到我这里来。"然后斥责那鬼,鬼就出来,从此孩子就痊愈了。门徒暗暗地到耶稣跟前说:"我们为什么不能赶出那鬼呢?"耶稣说:"是因你们的信心小。"(太17:20)并说"非用祷告(有古卷在此有"禁食"二字),这一类的鬼总不能出来。"(可9:29)因此,要想疾病得到医治,问题得到解决,必须祷告,特别是禁食并恳切向神祷告时,可以迅速得到应允。

圣经记载很多通过禁食祷告得到应允与祝福的人。以斯帖通过禁食祷告拯救了民族,因罪只能灭亡的尼尼微百姓通过禁食悔改得以拯救。可见禁食祷告的力量是非常大的。

神应许："我所拣选的禁食，不是要松开凶恶的绳，解下轭上的索，使被欺压的得自由，折断一切的轭吗？不是要把你的饼分给饥饿的人，将飘流的穷人接到你家中，见赤身的给他衣服遮体，顾恤自己的骨肉而不掩藏吗？这样，你的光就必发现如早晨的光，你所得的医治要速速发明。你的公义必在你前面行；耶和华的荣光必作你的后盾。那时你求告，耶和华必应允；你呼求，他必说：我在这里。你若从你中间除掉重轭和指摘人的指头，并发恶言的事，"（赛58:6-9）

禁食祷告是指，除了淡水以外，什么都不吃，抱着死就死的决心，恳切地求神给予应允。

禁食时必须呼求祷告，并禁止一切娱乐，以属灵的爱来祷告（赛58:3-5）。禁食时间可以是一餐，或一天，两天，三天，五天，七天，甚至更长。但是十天以上的长期禁食不要轻易决定，而是要按照神的旨意，顺着圣灵的主管而行。

另外，禁食后一定要吃保护食，保护食结束才算是做了完整的禁食。在吃保护食期间，仍要照神所愿的方法，为祷告题目祈求。有一点需要注意，禁食后可能会有试探。因此，最好是提前以祷告做好准备，以便试探来临时凭信心击退，特别要避免享受娱乐或生气的事。当这样做的时候，神会在最合适的时候，用神的方法赐下应允与祝福。

履行所许之愿的矢志不渝的心

绝大多数人许下承诺时信誓旦旦，但若对自己没有益处，善变是习以为常。随着环境的变动，随时改变计划，认为重要的约定好好遵守，对于琐碎的约定，却轻忽怠慢。经常疏忽小事，慢慢对大事也变得迟钝，这是必然的结果。这样的人，在人际关系中得不到认可，更得不到神的信赖。

真正敬畏神的人，不仅遵守与自己的约定，也信守与人的约定，进而恪守在神面前所许的愿。

申命记23章21-23节记载："你向耶和华你的神许愿，偿还不可迟延，因为耶和华你的神必定向你追讨，你不偿还就有罪。你若不许愿，倒无罪。你嘴里所出的，就是你口中应许甘心所献的，要照你向耶和华你神所许的愿谨守遵行。" 随己意违背在神面前所许的愿，就是轻慢神的行为，故此形成大的罪墙。相反，遵守所许之愿得人，神会迅速应允他的所求。

以色列与亚扪对峙，在战争一触即发之际，耶弗他祈愿以色列的胜利，向神献上许愿祷告。"耶弗他就向耶和华许愿，说："你若将亚扪人交在我手中，我从亚扪人那里平平安安回来的时候，无论什么人，先从我家门出来迎接我，就必归你，我也必将他献上为燔祭。"（士11:30-31）神垂听耶弗他的许愿祷告，使以色列大获全胜，他就欢欢喜喜地回到家。

可是万万没想到，第一个出来迎接他的竟是他的独生女儿。为了迎接凯旋而归的父亲，女儿拿着鼓跳舞出来迎接他。耶弗他看见她，就撕裂衣服说："哀哉！我的女儿啊，你使我甚是愁苦，叫我作难了，因为我已经向耶和华开口许愿，不能挽回。"

对耶弗他而言，比起心爱的女儿性命，他与神之间的约定更为重要，所以信守承诺。如此，神应允心灵诚实的人，因此，祈求神时我们当以真实的心去求，而且在神面前所许的愿一定要遵守。

与神同行的人生

神同行并保护按照神的旨意行事的人。约翰福音8章29节记载："那差我来的,是与我同在;他没有撇下我独自在这里,因为我常做他所喜悦的事。"耶稣常常得神喜悦,神就与祂同行,使祂完全成就神的旨意。那么,耶稣为何能得到这样的祝福呢?

第一,耶稣降卑自己,完全顺服。

约翰福音1章3节记载:"万物是借着他造的;凡被造的,没有一样不是藉着他造的。"正如这话语,耶稣与创造主神元本是一体。祂本有神的形像,却不以自己与神同等为强夺的,反倒虚己,取了奴仆的形像,成为人的样式,就自己卑微,存心顺服,以至于

祈求,寻找,叩门 69

死,且死在十字架上。神对如此顺服的耶稣说:"这是我的爱子,我所喜悦的。"(太3:17)同时,神为耶稣预备一切,掌管一切,使祂毫无缺乏。

第二,耶稣完全遵照神的旨意行事。

彼得前书2章22-23节记载:"他并没有犯罪,口里也没有诡诈。他被骂不还口,受害不说威吓的话,只将自己交托那按公义审判人的主。" 另外,在腓立比书2章8节记载:"既有人的样子,就自己卑微,存心顺服,以至于死,"可见耶稣只按照神的旨意行事。

第三,只凭靠话语行事。

耶稣受魔鬼的试探时,只凭靠话语通过一切试探(太4:1-11)。马太福音26章记载,有许多人带着刀棒,从祭司长和民间的长老那里与加略人同来抓耶稣的场景。这时彼得伸手拔出刀来,将大祭司的仆人砍了一刀,削掉他的右耳,那仆人名叫马勒古。耶稣对彼得说:"你想,我不能求我父现在为我差遣十二营多天使来吗?若是这样,经上所说事情必须如此的话,怎么应验呢?" 另外,祂对前来抓自己的众人说:"但这一切的事成就了,为要应验先知书上的话。"

在任何情况下,耶稣都只依靠话语行事,完美无缺的成就了神的旨意。若我们也能像耶稣一样,只遵照神喜悦的旨意行事,神必会时常与我们同行。

第三部分

应允从耶和华而来

仰望的法则 / 如何成就心愿 / 肯定的信心告白 / 感谢耶和华
等候耶和华的人 / 真正的救济 / 献一千燔祭的至诚之心
不蒙应允的理由 / 如何凭靠话语顺从

"你们奉我的名无论求什么,我必成就,叫父因儿子得荣耀。"
（约翰福音14:13）

仰望的法则

雅各和以扫是孪生兄弟。哥哥以扫喜欢打猎,弟弟雅各喜欢居家帮助母亲,而且从小心怀大志。有一天,雅各正在熬粥,以撒打猎回来十分困乏,便求雅各把一碗红豆汤给他喝。

雅各跟他谈条件:"你今日把长子的名分卖给我吧!"以扫为了一时的满足,把长子的名分卖给雅各。时光荏苒,父亲以撒知道自己时日不多,便叫来以扫,对他说:"现在拿你的器械,就是箭囊和弓,往田野去为我打猎,照我所爱的作成美味,拿来给我吃,使我在未死之先给你祝福。"这话以撒的妻子利百加也听到了,于是她欺骗眼睛昏花的丈夫,把雅各乔妆打扮成以扫的样子得到长子的祝福。以扫后面才得知弟弟雅各抢走了原本属于自己的祝福,于是决意要杀雅各。

事已至此,雅各只能含泪挥别家乡,去哈兰投靠舅舅拉班。在那里,雅各勤勤恳恳服侍舅舅。等雅各要衣锦还乡时,拉班十分不舍诚实智慧的雅各,于是挽留他,并让他定工价。雅各提议把绵羊中凡有点的、有斑的和黑色的,并山羊中凡有斑的、有点的,都挑出来,将来这一等的就算他的工价。凡在他手里的山羊,不是有点有斑的,绵羊不是黑色的,那就算是拉班的。这个条件对拉班而言,从概率上讲也是有利无弊的,于是拉班欣然接受,因为没有拒绝的理由。

那么,雅各为什么会提出这样的建议呢?贪而无信,自私自利的拉班,仍勤勤恳恳事奉拉班的雅各,这俩人神都看在眼里,所以神赐给雅各蒙得祝福的智慧。雅各拿杨树、杏树、枫树的嫩枝,将皮剥成白纹,使枝子露出白的来,将剥了皮的枝子,对着羊群,插在饮羊的水沟里和水槽里,羊来喝的时候,牝牡配合。神奇的是羊对着枝子配合,就生下有纹的、有点的、有斑的来。

雅各把羊羔分出来,到羊群肥壮配合的时候,雅各就把枝子插在水沟里，使羊对着枝子配合。只是到羊瘦弱配合的时候就不插枝子。这样，瘦弱的就归拉班，肥壮的就归雅各。这就是仰望的法则。"信就是所望之事的实底"（来11:1），正如这话语，即使现在看不见，但最终所盼望的一定会实现。

　　大家在仰望什么呢？作为神的儿女，我们应该仰望永恒的天国。为此，我们当为灵魂兴盛而祷告，遵行神的话语，离弃心里的恶，效法主耶稣。另外，在事业，职场，家庭中，也要凭信心的眼光仰望神的祝福。还要凭信心的眼光仰望子女和家人得以在主里更新变化。当我们如此凭信仰望，并遵循善和真理而行时，神就会照着这信心给我们成就。

如何成就心愿

有一个口口相传的童话故事,只要摩擦三次神灯,巨人立即从灯里走出来,不管什么愿望,都会帮人实现三个愿望。虽然这只是人编造的故事,但对于神儿女来说并不是天方夜谭,而确实是可以实现的。因为无论是谁,只要相信神,并按照祂的话语去行,心愿就可以蒙得应允。而且,不会只局限于三次,可以照你所愿的都能如愿以偿。那么,究竟如何过信仰生活,才能实现心中所愿,并蒙得应允呢?

第一,要查验自己的内心。

有些人相信迷信或自己的能力才干,直到遇到靠人力根本无法解决的问题时,才寻找神,这样的情况比比皆是。有些人怀着也许祷告问题就能解决的茫然的期待，或半信半疑"祷告果真能得到应允吗？"，这样的情况也很常见。神查验人的肺腑心肠，因此，我们若真想从神蒙得应允，首先要查验自己的内心。查验自己是否真正相信神，是否怀疑或抱着侥幸，只有查验之后，凭信心来到神面前时，才能蒙得应允。

第二，要检查自己的信仰状态，看看是否有得救的确信。

若口里认耶稣为主，心里信神叫他从死里复活，就可以得到作神儿女的权柄，有得救的确信（罗10:10）。有得救确信的人自然而然照神的旨意生活，神就应允其心愿。若祈求也没有应允，就该查验自己是否有得救的确信，以及自己的信仰状态，是否在神面前有阻隔的罪墙。若有在神面前行的不正，就该立即悔改，这样凡祷告的才能得蒙应允。

第三，要有得神喜悦的行为。

随着成长，孩子逐渐懂得父恩比山高，母恩比海深，并明白如何才能取悦父母。同样，我们越明白和领悟真理，就越能使神喜悦。诗篇37篇4节记载："又要以耶和华为乐，他就将你心里所求的赐给你。""以耶和华为乐"是指，让我们享受神所赐的真正的喜乐，即属灵的喜乐。只要我们使神喜悦，我们就可以"以耶和华为乐"。

神喜悦我们发自内心献上的礼拜，祷告，善行，救济，奉献，传福音，赞美等（诗51:19，69:30~31；徒10:4；林后9:7；帖前2:4）。相较于这些，神更喜悦我们的信心（来11:6）。当我们以完全的信心的行为蒙神喜悦，神就会应允我们的心愿，只要心怀，即刻给予应允。

肯定的信心的告白

人每天口出之言多得不可胜数,有时良言一句三冬暖,有时恶语伤人六月寒,有时逞一时口舌之快使人陷入困境。

圣经中记载了凭靠信心的告白蒙得应允的先知们的事迹。神多次向以色列百姓承诺"将流奶与蜜的迦南地赐给你们。"迦南地就在眼前,以色列百姓派遣十二个人去窥探那地。其中,十个探子说出负面否定的告白,最终死在旷野里。但是约书亚和迦勒相信全能的神,大胆地说出积极肯定的告白,最终得以进入迦南地(民14:7-9,30)。如此,真正有信心的人不归咎于环境,而是仰望神的能力,常常说出肯定的告白。那么,为何应允取决于口里的告白呢?

第一，圣灵作工在信心的告白中。

当我们赞美神，祷告，说出信心的告白时，居住在我们心里的圣灵非常高兴。我们做圣灵喜悦的事，就能体验圣灵的能力。当我们常常感恩耶稣基督救赎之恩，说出信心的告白时，藉着圣灵的作工，凡事都能蒙得应允。

第二，语言有改变自己的力量。

据说人的语言中枢神经支配其他所有的神经。因此，照着口里所承认的，其人格发生变化，人生的方向得以转变。圣经说，口出之言就像放在马嘴里的嚼环，像一艘船的舵，像点着最大树林的最小的火（雅3:2-6）。

如何才能控制疾驰的马匹，就是靠放在马嘴里的嚼环。同样，人的命运也取决于口里那小小的舌头，因此，将我们口出之言比喻为马嘴里的嚼环。箴言18章21节记载："生死在舌头的权下，喜爱它的，必吃它所结的果子。"我们当领悟一言一句对我们的人生带来的影响有多大。

　　神活着作工在真理当中，因此，当我们铭记真理之神的话语，并照其遵行，口里承认时，神就会彰显惊人的作工（罗10:8-10）。但是，否定的告白，抱怨叹息只会妨碍圣灵作工。愿大家口里不要出"好像不行"，"真难"等负面的告白，取而代之，常常说"我靠着那加给我力量的，凡事都能做"（腓4:13），如此积极肯定的告白，因此能时常体验神的作工。

感谢耶和华

约沙法是南犹大王国的第四代王，是一位爱神的人。有一天，摩押人和亚扪人联合起来攻打犹大，约沙法就向百姓宣布禁食，祷告神。神应许他战争的胜利，他和百姓欢喜跳跃赞美神。第二天，他设立歌唱的人颂赞耶和华，使他们穿上圣洁的礼服，走在军前赞美耶和华。

在千钧一发之际，约沙法和百姓在神面前拿出了信心，神就作工，使敌人彼此自相击杀。到敌军阵营一看，有许多财物珍宝，多得不可携带，因为甚多，直收取了三日。当遇到困难的时候，我们也像约沙法一样，只要喜乐感谢并依靠神，试探就会退去，会临到祝福。那么，我们为什么要感谢神呢？

第一，因为神祝福我们，使不能成的也能成。

四面楚歌，绝望无助时，绝处逢生之计在于感谢神。因为感谢是支取神伟大能力的一把钥匙。保罗和西拉在传福音时被抓，被打了许多棍，下在监里。但他们没有不平不满，反而以感恩的心唱诗赞美神。这时发生了奇迹，忽然地大震动，甚至监牢的地基都摇动了，监门立刻全开，众囚犯的锁链也都松开了（徒16章）。仇敌魔鬼撒但像吼叫的狮子一般，遍地游行，寻找可吞吃的人，蛊惑人们怨天尤人。但是，当我们相信凡事都能的神，并献上感谢时，神将万事变得亨通。

第二，因为凡事谢恩是神的旨意。

以弗所书5章20节记载："凡事要奉我们主耶稣基督的名，常常感谢父神。"我们要感谢父神，而且要在凡事上感谢。凡事不只包括好事，还包括坏事。遇到坏事也能感谢，是因为我们相信慈爱的神必永远与我们同在，也相信神会使万事都互相效力，因此，我们在任何环境中都能感谢（罗8:28）。

第三，因为祂给了我们永恒天国的盼望。

相信耶稣基督的人之所以能在凡事上喜乐感恩，是因为有神赐予的天国的盼望。当结束充满罪恶的这地上的生活后，我们得以在没有眼泪，悲伤，痛苦，死亡的美丽的天国生活。我们领受了这份应许，这是多么喜乐感恩的事呢！

第四，因为神时常与我们同在。

阳光雨露是神赐予世人的公平的恩宠，但免遭事故和危险的恩宠是神只给儿女们施予的特别的恩宠。当心爱的儿女偏行己路，误入歧途，神就会及时提醒，使儿女得以回心转意。若还不回头，神也会施以惩戒，但这也是出于引领儿女到生命之路的神的爱，所以我们不得不感恩。感恩是神的旨意，是将不可能转变成可能的奇迹钥匙，更是蒙得祝福的捷径，我们当领悟这一点而凡事感恩。

等候耶和华的人

人生不如意之事十有八九，蒸蒸日上的人突遇不测风云，因无能为力，一筹莫展，自暴自弃。在这种情况下如何获得新的能力，其方法就记录在圣经中。

以赛亚书40章31节记载："但那等候耶和华的，必从新得力。他们必如鹰展翅上腾，他们奔跑却不困倦，行走却不疲乏。"只要成为等候耶和华的人，神必不会让他独自一人承受，一定会给予他力量和能力，使他能解决任何困难。那么，一起查看一下等候耶和华之人的特征。

第一，亲近神的话语。

等候耶和华意味着迫切希望遇见神。因此，等候耶和华的人自然喜悦看听神的话语，并铭记在心，照其遵行，因为神的话语里蕴含着神的心和旨意。这样的人就像一棵树栽在溪水旁，按时候结果子，叶子也不枯干，凡他所作的，尽都顺利。

第二，通过祷告与神交通。

信心的先知们都通过祷告与神交通。亚伯拉罕所到之处都筑坛祷告，一生凡事亨通。但以理视祷告比生命更重要，因此能看异象，领受启示（但7-12章）。以利亚祷告，在三年零六个月的严重干旱中得到降雨的应允（王上18章）。如此我们不住地呼求祷告，也能与神深深相交，从上得到力量和能力。

第三，一切交托于神。

神通过圣灵让我们听到祂的声音，并用各种方式告诉我们当走的方向。即便如此，人若仍随己意行事，就无法体验圣灵的作工。箴言16章3节记载："你所作的，要交托耶和华，你所谋的，就必成立。"正如这话语，我们应该把我们的人生交托于神。无论面临怎样的困难，不担心忧虑，而单单交托于神祷告时，就会体验祂惊人的作工（腓4:6）。

第四，诚实地对待一切事情。

诚实意味着以毫无虚假的真实的心，在自己所处的所有领域中全力以赴。无论什么事，都当作自己的事一样对待，不管有没有人关注，都会全心全意用心去做。但以理和约瑟在任何境遇中都诚诚实实，只走正道，最终神高举他们受万人的景仰。如此，等候耶和华之人，无论遭遇何事，都不至灰心丧气，凡事倚赖神而诚实执行。因此，即便试探患难来临，也能靠神的能力得胜有余。

真正的救济

泉水越舀越清澈，同样，若爱心施舍自己拥有的财富、知识、技术等，回报就会越多。神怜悯和眷顾孤儿寡妇（出22:22；申14:29；雅1:27）。神喜悦爱邻舍的儿女，不但在地上赐给灵肉间的祝福，在天国也给予极大的赏赐。

那么，神希望我们如何救济呢？

约翰一书3章18节记载："小子们哪，我们相爱，不要只在言语和舌头上，总要在行为和诚实上。"耶稣也说："你施舍的时候，不要叫左手知道右手所做的；要叫你施舍的事行在暗中，你父在暗中察看，必然报答你。"（太6:3-4）正如这些话语，我们当以发自内心谦卑的心来救济。救济并不是生活富足有余才能做的。俗话说，有福同享有难同当，哪怕是一粒豆子也要分着吃，这是说再小的东西也要带着爱人的心施舍。

但是偶尔发生因救济不该救济的人而陷入困境的情况。我们不该救济身体健康，生活完全可以自立，却好吃懒做的人（帖后3:10）。因为帮助这类人，反而耽误他们自立。另外，我们也不能帮助犯罪而处于试探患难中的人。神的旨意是叫他领悟罪，从罪中回头，过正确的信仰生活；因此帮助此等人，会受牵连同受熬炼。

因此，我们在救济时，应该优先考虑信心的弟兄中因意外事故或疾病等无法自立的人，没有生活能力的孤儿寡妇，以及少年少女家长等。在神的旨意中，以爱救济时，监察一切的神必赐予祝福。

献一千牺牲作燔祭的至诚之心

有句话叫"精诚所至,金石为开。"意思是人的诚心所到,能感动天地,使金石为之开裂。比喻只要专心诚意去做,什么疑难问题都能解决。圣经中记载了很多以至诚之心感动神和人而体验神作工的人物。

所罗门是继大卫统治以色列的国王。爱神的所罗门继王位后,首先诚心诚意地向神献上一千牺牲为燔祭。

当所罗门诚心诚意献上一千牺牲作燔祭时,神喜出望外,梦中向他显现说:"你愿我赐你什么,你可以求。"对此,所罗门并未求资财和名誉,而是求判断众百姓的智慧。他深知作为王,自己最需要的就是智慧。

神以所罗门为乐，不但赐给他智慧聪明，还赐给他资财，丰富和尊荣。当我们在神面前尽心尽意献上礼拜和奉献，不求自己的益处，使神喜悦时，我们也能如所罗门一样蒙得极大的祝福。

不蒙应允的理由

神的儿女应该过凡事荣耀神的生活（林前10:31）。但有些人表面上看起来信仰生活过得有模有样，却与荣耀神的生活相距甚远。他们祷告也得不到应允与祝福。神不像人以貌取人，而是监察人心，赐下应允（箴16:2）。那么，我们得不到应允的理由是什么呢？

第一，因为遇事就不平不满。

有些人平时好好遵行神的话语，但一遇到不合自己想法的事，就带着情绪说话，这是内心没有变化为真理的明证。马太福音12章35节记载："善人从他心里所存的善就发出善来；恶人从他心里所存的恶就发出恶来。"口中之言源于我们的心，因此，为了成就善心，我们当不断地积累祷告。

我们口出的不平不满像回旋镖一样回来，让我们陷入困境，自食其果。很多时候，大部分人不平不满之后，随着时间的流逝都忘记了，所以不明白自己为何遇到困难。我们当时常留意口中的言语，只说善的话，真理的话。

第二，因为论断定罪不能活在话语里的人。

即使没有不平不满，但遇到看似不如自己或无法理解的人时，就论断定罪对方，所以得不到应允。我们不能因为自己能遵行神的话语，就论断定罪那些做不到的人，或为难他们。雅各书4章11节记载："弟兄们，你们不可彼此批评。人若批评弟兄，论断弟兄，就是批评律法，论断律法。你若论断律法，就不是遵行律法，乃是判断人的。"

第三，因为不符合自己的想法，就容易发怒结仇。

有些人遇到不符合自己想法的事情，表情变得僵硬，达到忍无可忍时，就怒不可遏，大发雷霆。更严重的时候，会憎恨对方，彼此结仇。马太福音5章39-40节记载："只是我告诉你们：不要与恶人作对。有人打你的右脸，连左脸也转过来由他打；有人想要告你，要拿你的里衣，连外衣也由他拿去。"因此，我们要以爱和怜恤饶恕所有人。

领悟到上述的三种不蒙应允之理由后，即使发现并改正了自己的不足，却仍没得到应允，那就是神给我们更多积累信心与善行的时间。因此，我们当不变的喜乐感恩，一如既往凭信心而行，神必会赐予我们健康，物质，名誉等，有求必应溢满的祝福。

若凭靠话语顺从

这是耶稣来到革尼撒勒湖边时发生的事情。那里有两艘空船，渔民们从船上出来洗网。耶稣上了西门彼得的船，教导众人神的话语。然后为了赐福彼得，吩咐彼得："把船开到水深之处，下网打鱼。"

彼得作为渔夫，比任何人都了解捕鱼的方法。他们辛苦了一整夜，一条鱼都没捞到，叫他再下网打鱼不是件容易的事。但彼得依从耶稣的话，到水深之处，下网打鱼，就圈住许多鱼，网险些裂开。这是因为彼得顺从了耶稣的话语而体验到的事情。若我们也像彼得一样，依从话语顺从，就会临到惊人的祝福。现在我们来查看一下具体会蒙得怎样的祝福。

第一，成就和睦。

打破和睦的主要原因是彼此都在求自己的益处。若坚持自己的想法和意见，彼此之间避免不了发生碰撞。但是，顺从真理之神话语的人，比起求自己的益处，更关怀和服侍对方，所以能与周围人和睦相处。若我们成为时常遵行话语的真理之人，不仅可以与神和睦，也可以与所有人和睦，过上平安幸福的生活。

第二，疾病得医治。

圣经告诉我们，疾病的原因在于罪（申28章）。神的儿女不遵行神的话语就是罪。若犯罪，神就无法保守我们，疾病就会趁虚而入。相反，若我们留意听神的话，又行祂眼中看为正的事，留心听祂的诫命，守祂一切的律例，神就不将一切疾病加在我们身上（出15：26）。如此，当我们完全行在神的话语里，神就保守我们，任何疾病都不会趁虚而入，即便患了疾病，只要悔改，拆毁与神之间隔断的罪墙，就可以体验医治的作工。

第三，物质的问题得解决。

当神吩咐亚伯拉罕说："你要离开本地、本族、父家，往我所要指示你的地去"（创12章），亚伯拉罕立即顺从神的话语启程了。当神吩咐亚伯拉罕，叫他把百岁所得的儿子以撒献为燔祭时，亚伯拉罕也顺从，因为他相信神还能叫人从死里复活（来11:17-19）。神祝福如此顺从的亚伯拉罕，不仅赐下属灵的祝福，也赐下属肉的祝福，即在地上享尽富贵，名誉和权势。因此，无论是谁只要凭信依靠神的话语行事，就可以得到信心之父亚伯拉罕所得的一切福分。

第四部分

医治的耶和华

疾病的原因和医治 / 医治软弱 / 求主帮助我 / 拆毁罪墙
口中告白的重要性 / 脱掉外衣 / 如何享受真正的平安
如何战胜压力 / 得蒙应允的属灵的法则

又说:"你若留意听耶和华你神的话,又行我眼中看为正的事,留心听我的诫命,守我一切的律例,我就不将所加与埃及人的疾病加在你身上,因为我耶和华是医治你的。"
(出埃及记15章26节)

疾病的原因和医治

很多人为了健康,在饮食、运动等方面不遗余力地投入物质和时间。当然,这些努力使我们获益良多,这是无争的事实。但是,无论人如何努力,也不能完全摆脱疾病的困扰。很多时候即使做出努力,也是徒劳无益,很多人患上不治之症,回天乏术,只能等死。圣经清楚地记载所有疾病的原因,医治方法,以及健康的秘诀。那么,疾病的原因究竟是什么,如何才能得到医治呢?

第一,疾病的最大原因在于罪。

神应许我们,当我们留意听神的话,又行祂眼中看为正的事,留心听祂的诫命,守祂一切的律例,神就不将任何疾病加在我们身上（出15:26）。另外，耶稣在医治中风患者时，对他说："小子，你的罪赦了"（可2:5）。由此可见，不遵行神的话语就是罪，疾病的原因就在于罪。因此，当我们发现并拆毁罪墙时，所有疾病都可以得到医治。

第二，在人看来不觉得是罪，但在神看来明明就是罪，所以得疾病。

有人说我清白无罪，却患上了疾病。果真如此吗？例如，因暴饮暴食而患上疾病，这是出于放纵贪心，没有节制导致的结果，故属于罪。因饮食不规律或过度劳累导致患病，这也是没有节制，不按真理行事的结果。因为没有遵循神所立的秩序，故也是罪。

第三，因神经过敏或精神问题引起疾病。

若按照神的话语凡事理解饶恕并爱，就不会产生不好的情绪。因没有血气或恨在心中涌动，所以不会刺激神经。但是，若心中有恶，不按照真理生活，各种事情会引发情绪，刺激神经，故此患上各种神经性疾病或精神疾病。

有些人看似善良，却饱受这种疾病的痛苦，其理由就是在神看来他并不善良。虽在表面上不生气，但内心却积累了各种委屈，憎恶，怨恨等情绪。当拥有神所愿的良善的心，饶恕和爱人时，身心灵才会变得健康。

第四，来自于仇敌魔鬼撒但的疾病。

拜神所憎恶的偶像，其罪的报应会延续到三四代（出20:5），作为罪的代价，仇敌魔鬼撒但会给人带来试探患难。所以拜偶像的家庭里尤其出现很多患病的人，残疾人，以及附鬼的人。这是父母和祖先的罪连累后代子孙的结果。但是，即使父母拜了偶像，若子女心地善良，侍奉神，神就会保守他，并给予爱与恩典。

有的人与偶像无关，即使出席教会，也有被鬼附或受邪灵搅扰。这是虽说"信"，却严重作恶，越过了一定界限的情况。尽管如此，只要在神面前彻底悔改，神会使他痊愈。

第五，怀胎时就有问题。

没有特别的罪，只是因怀胎时有缺陷的精子和卵子结合，导致畸形儿或病弱的孩子出生。但是，大多数疾病或先天性残疾是因为自己、父母或祖先严重拜偶像或犯了很多罪而产生的。因此，为了得到医治，当务之急就是解决罪的问题。愿大家迅速解决罪的问题，在灵肉间过上健康的生活。

医治软弱

神不希望心爱的儿女受疾病的痛苦。因此，神牺牲了独生子耶稣，为我们开启了健康生活的道路。耶稣流血代赎了我们所有的罪，受鞭打担当了我们所有的疾病和软弱（赛53:5；彼前2:24）。因此，无论是谁只要相信这事实，不仅疾病得到医治，任何软弱都可以得到健全。

这里说的软弱，是指靠人的能力或方法无法医治的一切。软弱并不是指身体虚弱或有轻微的疾病，而是指身体某些器官出现问题，导致其功能麻痹或退化，无法正常活动的身体异常症状。例如：语言障碍、听觉障碍、视觉障碍、瘫子、小儿麻痹等等。有些人在认罪悔改，接待耶稣基督并领受圣灵时，各种疾病得到医治。在过信仰生活的途中，因没能按照神的话语生活而患上重病时，若认罪悔改，神就会医治。

但是，软弱只能通过神的权能得医治。旧约时代的摩西或以利亚等先知，还有新约时代的彼得或保罗等使徒，因蒙神喜爱，领受了神的权能，所以能医治软弱。为了领受权能，必须成就圣洁，并要积累无数的祷告。另外，需要得到医治的人，也必须拥有相信耶稣基督的信心。

使徒行传第三章记载，生来是瘸腿的人，坐在圣殿美门乞讨。当彼得奉拿撒勒耶稣基督的名叫他起来行走时，他就立即起来行走。虽然只是个靠乞讨为生的卑贱之人，但因为相信了耶稣基督，能体验如此惊人的权能。若我们也发自内心相信耶稣基督，就能体验惊人的医治作工。

求主帮助我

有的人因自尊心败亡，而有的人因弃绝自尊心转祸为福。若是有自尊心，不能先向邻舍伸出友爱的手，甚至甩开对方先伸出的有好的手。微不足道的小事，因自尊心促使，像滚雪球般越滚越大，导致亲密无间的关系破裂，甚至成为一辈子的冤家。如此，自尊心对我们百害无益。圣经人物中有一位妇人，因放下自尊心而蒙得应允。

耶稣去叙利非尼基时，有一个妇人，她的小女儿被污鬼附着，听见耶稣的事，就来到耶稣面前喊着说："主啊，大卫的子孙，可怜我！我女儿被鬼附得甚苦。" 那妇人一直恳请耶稣，说："主啊，帮助我！"可耶稣却回答说："不好拿儿女的饼丢给狗吃。"耶稣拿以色列百姓比作儿女，拿这外邦妇人比作狗。那么，耶稣为何这样说呢？把自己当成狗，一般人听到如此羞辱的言辞，就会非常恼火，掉头就走。耶稣说出此话，是为了考验妇人的信心，在这种情况她当怎样行。

妇人对耶稣的话，既没有失望也没有放弃，并没有感到自尊心受伤害。反而回答说：主啊，不错！但是狗也吃它主人桌子上掉下来的碎渣儿。"这是多么谦卑的告白啊！

听到妇人发自肺腑的告白，耶稣受了感动，便应允妇人，说："你的信心是大的，照你所要的，给你成全了吧！"从那时候，她女儿就好了。妇人在耶稣面前彻底降卑自己，以不变的信心求应允，迫在眉睫的女儿的问题便得以完全解决（太15:22-28）。如此，神应允离弃自尊心拥有谦卑之心人的祷告。

拆毁罪墙

来到神面前的人形形色色，有些人是因善良的良心受到感化而来，有些人是为了解决疾病或人生的各种问题而来。若想解决接踵而来的各种人生问题，或疾病想得医治，首先要接待耶稣基督，罪得赦免。以赛亚书59章2节记载："但你们的罪孽使你们与神隔绝，你们的罪恶使他掩面不听你们。"照此话语，我们首先要拆毁与神之间隔绝的罪墙。那么，应该拆毁什么罪墙，问题才能迎刃而解呢？

第一，悔改没有相信神，没有接待耶稣基督。

约翰福音16章9节记载："为罪，是因他们不信我；"当我们谦卑地承认创造主神，接待为赦免我们的罪被钉死在十字架的耶稣为救世主时，不仅蒙得救的祝福，还可以解决人生所有的问题。

第二，悔改没有爱弟兄。

圣经说神的儿女彼此相爱是理所当然的，而且还要爱仇敌。若不爱弟兄，甚至还恨，这是在明显违背神的话语，故形成罪墙。

第三，悔改带着贪心祷告。

雅各书4章2-3节记载："你们得不着，是因为你们不求；你们求也得不着，是因为你们妄求，要浪费在你们的宴乐中。"神不喜悦儿女为了满足自己的贪心而祷告，或为了浪费在宴乐中而妄求。明知儿女要零花钱是为了做坏事，父母岂能给呢！同样，神也不能应允这种祷告。

第四，悔改心存疑惑祷告。

圣经记载："只要凭着信心求,一点不疑惑;因为那疑惑的人,就像海中的波浪,被风吹动翻腾。这样的人不要想从主那里得什么。"(雅1:6-7)心存疑惑祷告是不相信全能神的明证。我们要悔改这一点,为拥有真正的信心而祷告。

第五,悔改没有守诫命。

若对照神的话语,毫无过失,就可以坦然祈求神,神也应允他的祷告(约一3:21-22)。因此,若想蒙应允,就该对照十诫——这一圣经66卷的摘要,查验自己的生活,若发现有违背的地方,就要改正并遵守诫命。

第六,悔改在神面前没有栽种。

公义的神让我们种什么收什么。在神面前栽种祷告,就收获灵魂兴盛的祝福;栽种侍奉和尽忠,就收获身体健康的祝福;栽种物质,就收获物质上的祝福。若不栽种而想得到应允,就该悔改,并以喜乐的心栽种才是。至关重要的是拆毁罪墙，遵照话语而行，这样神就喜悦我们并赐予应允。

口中告白的重要性

有些人凡事凭积极肯定的言语和信心的告白蒙得神的应允与祝福。相反，有些人即使尽忠于神，热心祷告，却因否定的告白不蒙应允。马太福音8章记载，耶稣听了百夫长的告白，大大称赞他的信心并给予应允。那么，他到底告白了什么，以至蒙得耶稣的称赞与应允呢？

耶稣作工当时，以色列受罗马统治，罗马军人驻扎在以色列各地。在这种时代背景下，被派遣到以色列的罗马百夫长，去找被支配国的某人寻求帮助并非易事。尽管如此，百夫长因心地善良，没有碍于情面，谦卑地来到耶稣面前说："主啊，我的仆人害瘫痪病，躺在家里，甚是疼苦。"他请求耶稣医治仆人的病。耶稣看到他良善的心，欣然地说："我去医治他。"

但是百夫长的回答却出乎意料，他说："主啊，你到我舍下，我不敢当；只要你说一句话，我的仆人就必好了"。他向耶稣告白自己的信心，不必劳烦耶稣亲自动身来舍下，只说一句话，仆人就会好。他之所以如此告白，因为他坚信不疑耶稣就是神的儿子。耶稣便称赞他说："这么大的信心，就是在以色列中，我也没有遇见过。"又祝福百夫长说："你回去吧！照你的信心，给你成全了。"那时，他的仆人就好了（太8:13）。

圣经强调口中告白的重要性。诗篇34篇12-13节记载："有何人喜好存活，爱慕长寿，得享美福，就要禁止舌头，不出恶言，嘴唇不说诡诈的话。"箴言13章2节记载："人因口所结的果子，必享美福，奸诈人必遭强暴。"经文提醒我们，人因口中言语或享美福，或遭遇困难。

罗马书10章10节记载："因为人心里相信，就可以称义；口里承认，就可以得救。"马太福音10章32节记载："凡在人面前认我的，我在我天上的父面前也必认他；"经文告诉我们，信仰一定会伴随信心的告白。因此，愿大家时常凭信心做真实的告白，过应允与祝福满溢的生活。

丢下外衣

我们在生活中会遇到大大小小的各种问题。其中也有人所不及的问题。但是,无论是谁,只要来到耶稣面前,任何问题都能得到解决。马可福音10章记载的巴底买是讨饭的瞎子。若能睁开眼看世界,就可以摆脱乞丐的处境,但事与愿违,该多么绝望!对巴底买而言,睁眼看世界是他深切的心愿。终于有一天,他遇到了耶稣,如愿以偿。那么,巴底买是如何得偿所愿的?

第一,因为他拥有一颗善心。

巴底买虽看不见,但他能听得见,他听到了有关耶稣的惊人的传闻,就是耶稣医治病人,彰显各种神迹奇事。巴底买心生只要遇见耶稣，自己的问题也能得到解决的信心，他的心开始沸腾起来。因为心善，所以听到福音时，就能相信。

第二，因为他呼求祷告。

巴底买听说耶稣要来耶利哥，就切切想见祂。终于到了期待许久的时刻，从周围嘈杂的声音中，巴底买能分辨出耶稣近在咫尺，他用力大喊："大卫的子孙耶稣啊，可怜我吧！"有许多人责备他，不许他做声。他却越发大声喊着说："大卫的子孙哪，可怜我吧！"（可10:46-52）终于他蒙得了应允。如此，当我们凭信心呼求祷告，恳切寻求神直到应许，就能蒙神应允（耶29:12-13）。

第三，因为他丢下外衣，来到耶稣面前。

对乞丐而言最重要的财产莫过于外衣，这是一件生活必需品，无论春夏秋冬都离不了身。但是，当巴底买听到耶稣在叫自己，就丢下外衣，跳起来，走到耶稣那里。外衣在属灵上指肮脏的罪，发臭的心。因此，"丢下外衣"意味着离弃心中的谎言，憎恶，贪心等，悔改步入圣洁之地。

当巴底买拿出这种信心和行为，耶稣就问他："要我为你作什么？"瞎子说："我要能看见！"耶稣便成全他的心愿，使他看见。如此，若我们离弃丑陋发臭的罪，成为洁净的心，我们也能遇见主，任何问题都能蒙得应允。

如何享受真正的平安

通常，人们认为家道丰富，生活便称心如意，万事顺遂。但是，无论是富人还是穷人，生活中伴随担心忧虑是在所难免的。若不懂得人生的明确目的和意义，即使遇到微乎其微的事，也会忧愁，故得不到真正的平安。耶稣对这样的人说："我留下平安给你们，我将我的平安赐给你们。我所赐的，不像世人所赐的；你们心里不要忧愁，也不要胆怯。"（约14:27）那么，我们怎样才能得享真正的平安呢？

第一，要认清自己的本分和位置。

首先要认清自己的能力和本分。作为父母、子女、学生、员工，当正确摆正自己的位置，并忠于本分时，才能感受到人生的意义，享受真正的平安。与此同时，在属灵方面，作为主仆，机关长、区域长、诗班成员等，在各自的工作岗位恪尽职守担负使命时，心里会临到喜乐和平安。当知道自己信心的程度，并为了成长为更大的信心而努力时，神的恩典就会从上临到，能更好的担负使命。

第二，要成为虚心的人。

虚心的人倒空内心，凡事知足，在自己的位置上全力以赴。虚心的人没有贪心，不会过度奢求，也不会随心所欲生活，而只遵循神的话语生活，因此心里没有受痛苦的事，而享受真正的平安。相反，内心富足的人，贪得无厌，故得不到真正的平安。因此，传道书1章8节记载："万事令人厌烦，人不能说尽。眼看，看不饱；耳听，听不足。"

第三，要治理己心，遵行真理。

遇见开心的事，人们通常都会开心快乐。但一遇到伤心难过的事，欢愉心情就会一扫而光，感到疲惫。但是，神吩咐我们要常常喜乐，凡事谢恩。慈爱的神施恩于我们，差祂的独生子耶稣来到这地上，代赎了我们所有的罪，让我们能在美丽的天国永享福乐。不仅如此，还差遣了保惠师圣灵，引导我们生活在真理之中，常常帮助我们得胜有余。

凡是领悟到神这般大爱与恩典的人，在任何情况下都会努力遵行神的旨意，治理己心。更何况，因为有天国盼望，所以能常常喜乐，凡事谢恩。因此，神赐下真正的平安，并迅速应允其心愿。

如何战胜压力

压力可谓"世界性新型传染病",对生活在现在社会的人们产生深远的影响。压力是指处于难以适应的环境时感受到的心理、身体方面的紧张状态,会成为引发各种疾病的根源。那么,我们该如何战胜压力呢?

第一,要清楚人生的价值和目的。

若明确知道"我来自哪里,为什么活着,以后去哪里"等人生的价值和目的,就不会因着私人问题担心忧虑。传道书12章13节记载:"这些事都已听见了,总意就是敬畏神,谨守他的诫命,这是人所当尽的本分。"因此,我们当领悟做人的本分,不要执着于世事，而要把盼望放在天国。这样才不受压力，总能生活在喜乐和感恩中。

第二，要将一切事交托给主。

腓立比书4章6-7节记载："应当一无挂虑，只要凡事借着祷告、祈求和感谢，将你们所要的告诉神。神所赐出人意外的平安，必在基督耶稣里保守你们的心怀意念。" 遇到各种问题时，先不必担心，而是凭信心祷告，把一切交托于主，主就会赐给平安，使万事互相效力。

第三，要定期休息。

神在六日内完成了创造天地万物的工后，第七日安息。神也吩咐我们，六日当努力工作，第七日要安息（出20:8-11）。若我们遵照神的话语，六日勤奋工作，到第七日主日来到教会做礼拜，灵肉间便得安息。当以心灵与诚实献上礼拜，将神的话语当作灵粮遵行，灵魂会变得滋润，身心的疲惫自然也会消失。

第四，要培养内在的力量。

约翰一书4章4节记载："小子们哪，你们是属神的，并且胜了他们，因为那在你们里面的，比那在世界上的更大。"照此经文，神的儿女心中有保惠师圣灵居住。圣灵赐予我们祷告的能力，为我们的软弱而恳求，并源源不断地提供新的力量（罗8:26）。若我们常常警醒祷告，圣灵充满，就会产生凡事都能的内在力量，任何压力都能战胜。愿大家相信神，克服一切压力，因有天国的盼望而心中充满幸福。

得蒙应允的属灵的法则

神垂听我们的祷告，也必按照灵界的法则给予应允——这公义的法则就是七灵。

七灵是指本为灵的神的心。在这里，七并不意味着神的灵是七个，而是作为完全数，表示本为灵的神的完全。七灵鉴察所有人的心思意念，对符合应允条件的人按公义作工。因此，从神的角度而言，七灵可以说是测量符合应允与否的仪器或一杆秤。那么，七灵究竟测量什么呢？

第一，测量信心。

神明确说过："照你的信心给你成全。"因此，若我们真正发自内心相信并告白,其信心必会在现实中呈现为实相。但是,若说相信却没有应允,表明其信心不是神所认可的属灵的信心。属灵的信心是神从上赐予的,其分量的大小取决于人成就圣洁的程度。只有拥有了属灵的信心,才能完全顺从神的话语。

第二,测量喜乐。

虽在信神之前,毫无喜乐可言,但蒙救赎成为天国的子民,就不能不喜乐。曾走向永远死亡的地狱之人,如今得到永生,充满天国的盼望,内心深处涌出泉涌般的喜乐。喜乐是蒙救赎为神儿女的表证,是分别为基督徒的香气,是配得蒙应允的证据。但是,若对神的爱心和热心变得冷淡,成为不冷不热的信仰,或者犯罪建立罪墙,喜乐便消失无踪。在这种情况下,拆毁罪墙,恢复起初的爱是刻不容缓之事。

第三,测量祷告。

我们当献上合乎神心意和旨意的祷告。神所愿的祷告是照常不住地祷告，是跪膝献上的祷告，是不求自己的益处而照着神的旨意献上的祷告（路22:42）。与此同时，要恳切呼求祷告（路22:42），要带着信心和爱心祷告。蒙神悦纳的祷告是真正相信神会赐下应允，而满怀爱神的心献上的祷告。

第四，测量感谢。

感谢同喜乐一样，也是属神的儿女结出的果子，是成为神儿女的明证。相信活着的神，相信有天国和地狱的人，在任何情况下都会献上发自内心的感恩的告白。不仅是有感谢条件的时候，即使在困境中，只要凭信献上感恩祷告，神都会使万事互相效力。

第五，测量诫命。

圣经记载了神对我们的吩咐，即"当做，不当做，当守，当离弃"的话语，而十诫命蕴含了这一切话语。"我们遵守神的诫命，这就是爱他了，并且他的诫命不是难守的。"（约一5:3）照此话语，遵守诫命就是爱神的明证。当有爱神的证据时才能蒙得应允。

第六，测量尽忠。

在各自承担赋予自己的职分和使命时，七灵测量其尽忠是否符合神的心意。神所愿的尽忠是全家尽忠，不仅要在教会尽忠，还要在家庭、职场等自己所属的所有领域尽忠。神悦纳离弃罪恶，以圣洁之心献上的属灵的尽忠。

第七，测量爱。

爱就像一根带子，把前面所讲的六个测量基准完整的系在一起。爱也是我们在这地上接受耕作的最终目的。因此，无论是祷告，还是尽忠，无论做什么，只有心怀爱神爱邻舍的心去做，才有真正的意义（林前13:1-3）。假如，领受使命看似热心尽忠，但如果遇到不合心意的事，就发脾气，那就说明不是带着爱心尽忠的。只有当我们成就爱时，才能说完全成就了一切，得神喜悦，不仅疾病得到医治，还能迅速得蒙祝福与应允。

第五部分

神所喜悦的工人

良善的管家 / 负责任的人 / 义人 / 正直的人 / 主所称赞的人
惟随从圣灵而行 / 如何结出丰盛的果子 / 与众人和睦 / 如何在主里合而为一
按所行所种偿还的天国居所和赏赐 / 服侍的人为大

"人应当以我们为基督的执事,为
　神奥秘事的管家。
所求于管家的,是要他有忠心。"
　　　　（哥林多前书4:1-2）

怀揣梦想而实现之人

怀揣梦想之人是幸福的。为了实现梦想,制定计划并付诸努力,生活就会充满活力,快乐无比。梦想越大,需要付出的劳苦和忍耐也会越大。虽有时也会备尝艰苦,但终久苦尽甘来,洒下汗水之后收货的果实和喜乐之大是无法言喻的。若是学生,就会梦想进入心仪的学校或职场;若是长年,就会梦想购房或扩大事业。

每个人都心怀着大大小小的梦想,作为神的儿女,也有我们要怀揣的梦想。这个梦想就是过神喜悦的生活,不仅得到永生,还要忠心耿耿地担当使命,拯救众多灵魂,具备见主面的资格。这样的人将来在神宝座所在的天国永享荣耀与幸福。那么,究竟怎样做才能实现这样的梦想呢?

第一，要尽忠。

哥林多前书4章2节记载："所求于管家的，是要他有忠心。"照此话语，我们要担当好给予自己的使命。圣徒的使命是以心灵与诚实做好礼拜，并好好遵行神的话语。管理灵魂者的使命是好好照看初信徒或信心软弱的人，帮助他们属灵成长，使得救之人天天加增。如此尽忠，在天国就会积累更多奖赏，并得到神和圣徒们的认可和爱。

第二，要制定属灵的计划。

明天要比今天好，为了得到变化要凭信制定属灵的计划。制定遵循基督教导而行的计划，并为此付诸努力，如：装备话语，完全将神的话语当做灵粮，爱和服侍信心的弟兄姊妹等。这时，神会赐下我们需要的智慧，并引导我们走上实现梦想的捷径。

第三，要使神喜悦。

爱神的人爱主身体的教会。爱神的人思想"教会怎样才能复兴，怎样荣耀神"，并只求神的国和神的义，凭信使神喜悦。希伯来书11章6节记载："人非有信就不能得神的喜悦。因为到神面前来的人，必须信有神，且信他赏赐那寻求他的人。"因此，神喜悦人在神面前拿出完全的信心，并成全其心愿。

第四，要对自己有耐心。

在实现神给予的梦想的过程中，可能会面临困难。尽管如此，也要忍耐到底，遵行话语，并担当好分内的事情。这也是凭信使神喜悦的事。如此，按照神的旨意和方法而行，并得到神的引导，我们也可以像亚伯拉罕和约瑟一样实现梦想。我们当在主里怀揣远大的梦想，并借助神的智慧和能力去实现这一梦想。

良善的管家

管理者费尽心思挑选精明能干之人，因为企业的成败在于用人之道。同样，神也希望选择合神心意之人，托付他成就神国的事。若有人作工合乎神心意，结出许多果子时，神非常喜悦，并认可他为良善的管家。主内的管家是指负责管理神赐予的所有环境，物质和时间的人。

彼得前书4章11节记载："若有讲道的，要按着神的圣言讲。若有服事人的，要按着神所赐的力量服事。叫神在凡事上因耶稣基督得荣耀。"那么，我们分五种情况来查看合乎神心意的良善的管家是什么样的。

第一，当主人陷入困境的情况。

当主人陷入困境时，恶的管家要么东躲西藏，要么坐视不理。良善的管家则不同，即使牺牲自己，也愿意替主人承受苦难。如此，拥有尽生命服侍主人心肠的人，就是良善的管家。

第二，服侍主人的心态。

恶的管家做事不会全力以赴，只做到不受主人责备的程度。若是上班族，躲着人的视线能偷懒就偷懒，有人是为了薪资不得不工作，有的人毫无喜乐机械性的工作，感受不到工作的乐趣和意义。良善的管家则不同，无论做什么事，都以喜乐和感恩之心来担当。另外，因为真心爱主人，凡事合主人的心意而行。提前了解主人的意图，迅速处理事情，即使有缺点，也予以弥补。

第三，管理主人的财物。

恶的管家利用主人之物去追求自己的利益。相反，良善的管家则勤勤恳恳工作，使主人财源广进。

良善的管家不会贪图别人的东西，哪怕是蝇头小利。我们若想成为神国度的良善的管家，不仅要献上属于神的十分之一，还要正确使用剩下的物质。当献的十分之一不献，自己花掉，或者认为献了十分之一后剩下的十分之九是自己的，而任意挥霍，都不能算是良善的管家。

第四，当自己的位置升高以后。

恶的管家一旦具备了一定的实力，就会变得心高气傲，看不起主人。相反，良善的管家越是得到认可，越是反省自己，以更加谦卑的心去服侍主人。神国度的良善的管家，无论负责什么事，都会为此祷告，领悟蕴含在其中的属灵的旨意，并顺服，结出美好的果实。

第五，处于生死关头的情况。

恶的管家在生死攸关之际，会随着自己的利益而选择背叛主人，而良善的管家则一如既往地侍奉和尽忠。初代教会的圣徒们为了守住对主的信心，甘愿成为狮子的食物，被斩首。这就是良善的管家当有的样子。若我们为神的国度努力祷告禁食，献上自己的全部献身，这也是良善的管家该有的心和行为。

负责任的人

真实的人在任何情况下都不至动摇，不去善变，守住自己的承诺，保守己心，对自己的行为负责。他们还引领周围的人走正直的路，为无辜蒙冤之人辨屈，从危机中解救他们。对自己的事情负责到底，与自己相关的领域内兢兢业业，而且用心更加宽广，关心到除此以外的领域，因此上司也放心交托他更多的工作。

神的儿女不仅要对自己负责，还要做好光和盐的作用，成为众人的榜样。为此，具体需要做什么呢？

第一，在言行举止上要以身作则。

提多书1章7-9节记载："监督既是神的管家，……好善，庄重，公平，圣洁，自持。坚守所教真实的道理，就能将纯正的教训劝化人。又能把争辩的人驳倒了。"因此，担当职分的人要铭记，主赐给职分是为了用主宝血买来的教会，所以当谨言慎行。另外，要以良善的管家之心，为神的国和义牺牲尽忠，为人师表，成为众人的榜样。

第二，要传福音，引导灵魂走向生命之路。

神愿意万人得救，明白真道（提前2:4）。因此，应该带着爱心努力向不信的灵魂传福音，栽种信心，使得救的人数天天增加。就像使徒保罗挥洒泪水训诫众人，引导许多灵魂走上永生之路一样，我们也要努力传福音，引导他们遵照神的话语生活。

第三，要凭信心仰望神要给予的基业。

拥有真信心的人尽忠于神，献身侍奉，任劳任怨，喜乐满怀。因为他们凭信仰望按所行所种偿还的神。使徒保罗仰望神要给予的基业,即永恒的荣耀与赏赐,因此任何牺牲都甘心乐意承受。甚至在腓立比书2章17节说:"我以你们的信心为供献的祭物。我若被浇奠在其上,也是喜乐,并且与你们众人一同喜乐。"

浇奠是指在祭物上倒入葡萄酒的祭祀。此时,葡萄酒会渗入祭物,增加香气,但不会显露其原型。正像这葡萄酒一样,使徒保罗也甘愿牺牲自己,即便不留名,受尽各种苦难,只要能成就神的国和神的义,情愿付出一切。

第四,要彼此关怀。

当领悟施比受更为有福,圣徒缺乏要帮补,客要一味地款待。只要有机会,就当向众人行善,向信徒一家的人更当这样,像主一样做服侍的榜样。若我们如此行善,神必定使我们灵魂兴盛,信心成长,凡事兴盛。而且,我们所种的不仅在地上积累为奖赏,还积累为天国的赏赐,这是多么蒙福的事情!因此,我们当凭信心与爱心关怀邻舍，在神面前行善。

义人

人们通常认为对不义之事忍无可忍，心中燃烧正义感的人是义人。但在神看来则不然，在神眼里的义人是离弃罪恶，心中成就义的人。顺从神的话语建造方舟的挪亚，施洗约翰的父母撒迦利亚和以利沙伯，百夫长哥尼流等，这些人是在神眼里的义人。那么，合神心意的义人拥有什么样的心思意念，他们的言行举止又是如何呢？

第一，义人有善念。

箴言11章23节记载："义人的心愿尽得好处。恶人的指望致干忿怒。"的确，神所认可的义人，如：亚伯拉罕，约瑟，但以理等人，即使受到无辜冤屈，也从未想过："怎么能这样对我？"反而，求对方益处，甚至为对方牺牲自己，默默无争，只是单单仰望神。他们的心思意念，言行举止，神都看在眼里。于是，神就与他们同在，他们总是凡事亨通。同样，若我们想活得善良，神就会赐予我们智慧，引导我们走上亨通的道路。

第二，结出圣灵的九种果子（加5:22-23）。

面对同样的情况，根据心态如何，有人发恶，有人行善。心里越是充满恨、嫉妒、贪心等诸多的恶，就越想动用邪恶的手段解决问题。相反，内心清洁，充满仁爱、喜乐、和平、忍耐、恩赐、良善、信实、温柔与节制的人，以善的方式解决一切问题。

第三，求对方的益处。

在神眼里的义人，凡事不求自己的益处。因为他们珍惜所有人，不会给对方带来痛苦，无论如何都要带给对方喜乐和盼望。另外，他们小心谨慎，不会失礼，不仅尽到自己的责任，还会照顾别人的处境，成为对方的力量。这样的人，在神面前也不会犯罪。神非常喜爱义人，赐予他们惊人的恩宠与祝福。

正直的人

有些人口中常常有恩言善语,总会造就人;有些人口中却常常有恶言恶语,总会伤害人。箴言16章13节记载:"公义的嘴,为王所喜悦。说正直话的,为王所喜爱。"由此可见,成为公义的嘴的重要条件就是正直。在这里,正直意味着"铭记提示正确道路的神的话语,并照此遵行"。那么,在属灵上正直的人是什么样的人呢?

第一,承认错误并悔改认罪的人。

若是怕受责备而隐藏自己的错误或失误,神就不喜悦。这样的人不仅没有属灵上的成长,在生活中也没有进步。懂得诚实承认自己的错误,承担责任,并甘愿接受相应的惩罚，这样的人才是正直的人，心器大的人，可以迅速变化为真理之人。

第二，分辨善恶并选择善的人。

不正直的人在选择善与恶的情况下，若对自己有益，就毫不犹豫地选择恶。若是执着于眼前利益，急于求成，就会犯下与恶同流合污的愚蠢之事。但即使面临困难，只要是正道，就应该义无反顾地走下去。马太福音10章28节记载："那杀身体不能杀灵魂的，不要怕他们。惟有能把身体和灵魂都灭在地狱里的，正要怕他。"我们当铭记这句话，无论何时当要放胆选择善。

第三，即使对自己没有益处，也敢于说出真相的人。

有些人在真相面前，怕自己受损而改口或干脆否认。有些真相需要广为告知，及时纠正，却因为对自己毫无益处而掩盖。另外，有些人根据自己情绪的变化，对事实或夸大或缩小。这一切都是脱离正直的事。即使对自己不利，也能敢于说出真相的人，才是正直的人。

主所称赞的人

得到众人的称赞和认可是可喜可贺之事。因为这证明我们的良苦用心,所作所为,使众人得到了恩典。更何况,我们若是蒙得神的称许和认可,那该是多么蒙福,多么有价值的事!哥林多后书10章18节记载:"因为蒙悦纳的,不是自己称许的,乃是主所称许的。"那么,我们来查看得主称许之人究竟是什么样子。

第一,从不心怀恶意指责对方。

要想得主称许,就不能心怀恶意论断定罪并指责对方,也不能轻视对方,强加自己的意见或凡事上教导别人。当然,若对方询问或在组织内处于教导的位置时，可以进行说明使对方自行领悟。若看到对方的缺点，说明不尊重对方，因此，当以服侍的心只看到对方的优点。

第二，不因生气或争吵给对方带来痛苦。

即使上司是吹毛求疵，爱发火的人，下属也要按照尊重秩序的神的旨意顺服上司。相反，上司要以爱和理解关怀下属。箴言12章16节记载："愚妄人的恼怒，立时显露。通达人能忍辱藏羞。"雅各书1章20节记载："因为人的怒气，并不成就神的义。"在自己看来，生气也许是正当的，但这不仅伤害对方的感情，而且生气本身并不能成就神的义。

第三，不受任何称赞或指责的影响。

度量小的人听到称赞就心花怒放，不能自已。相反，度量大的人会察验自己是否真的配得称赞，更加谨慎改善自己。另外，度量小的人受到责备，就会失去力量，一蹶不振。相反，度量大的人反而感恩，并将其作为成长的契机。因此，主所称许之人是度量大的人。

第四，心里不会感到委屈。

感到委屈是因为没有离弃想得人认可和称赞的心。若没有这种属肉的心，即使有人冒犯了自己，也不会感到委屈，只要提醒便可。神说要把肉体，连肉体的邪情私欲，同钉在十字架上（加5:24）。神也希望我们迅速借助话语和祷告得到变化，效法圣洁的主（提前4:5，彼前1:16）。

惟随从圣灵而行

神借着圣灵成就的作工有感动人心的惊人的力量。再恶之人,圣灵也能改变,使他拥有信心。因此,为要变化为良善的心,得到拯救灵魂的能力,我们必须在圣灵的作工中行事。圣灵是神的灵,祂参透万事,就是神深奥的事也参透了(林前2:10),并引领我们走上良善的道路。那么,若想得到圣灵的作工,应该怎么做呢?

第一,当顺着圣灵而行。

加拉太书5章17节记载:"因为情欲和圣灵相争,圣灵和情欲相争。这两个是彼此相敌,使你们不能作所愿意作的。"即使是领受圣灵的神的儿女,在完全变化为灵之前,也有两种心并存,就是追求圣灵的心与追求情欲的心。

圣灵引导我们走向真理与救赎之路。相反,肉体的情欲将我们引向罪、不义和不法之中,引起纷争,使我们受撒但的迷惑,无法作圣灵的工。当我们信心成长,越成为属灵的人,就越能支配追求肉体情欲的心,使我们随从圣灵,结出圣灵的累累硕果。

第二,要渴慕圣灵的作工。

人一旦领受圣灵,就越发变化为赞美不离口,不住祷告之人。而且等待主日的到来,渴慕聆听神的话语,努力到圣殿聚集。因此,自然而然的遵从神的旨意生活。在此基础上,若想得到神的恩典与能力,就当渴慕圣灵作工成就善事。

假如,某位工人为患病的人祷告,病就得医治了。若是渴慕圣灵作工之人,就不会认为"这样的事只会发生在那位工人身上"。"我也要得到能力来彰显圣灵的作工",会带着这样的心更加努力祷告。如此,神喜悦那些渴慕善事并为此努力之人,给他加添能力。

第三，要听从圣灵的声音。

听圣灵的声音并顺从的人不会犯错，因为圣灵能够正确指示我们当行的路。为了听到圣灵的声音，我们务必孜孜不倦地装备神的话语。只有这样，圣灵才能用真理之神的话语，在我们心里用声音提醒我们。另外，当我们如火般祷告时，肉体的意念被打破，就可以更准确地听到圣灵的声音并顺从。

第四，要得到圣灵的引导。

保罗作为外邦人使徒，二次启程去传道旅行时，决心去"亚西亚"。因为保罗的故乡在亚细亚，而且在第一次传道旅行时也在那里传福音，所以想去，但是耶稣的灵却阻止他在亚西亚传道。再加上夜间有异象现与保罗，有一个马其顿人，站着求他说，请他过到马其顿来帮助他们。保罗既看见这异象，随即改变方向，前往马其顿去，因为保罗领悟到传福音给马其顿人听是神的旨意（徒16:6-10）。这样，当你听到圣灵的声音时，顺从去做，就可以得到圣灵的引导。

第五，要听从圣灵的指示说话。

主升天后，彼得领受了圣灵，不仅医治了天生不能走路的人，在当众畅所欲言放胆宣道。他在所罗门廊下讲道时，听了他的讲道接待主的人，光是男人就有五千人（徒1-4章）。人们视彼得为平凡的渔夫，听到他讲道后惊讶不已，因为彼得是受圣灵的感动说话的。因此，愿大家效法信心的先知，凡事顺着圣灵的作工行事，结出丰盛的果子来荣耀神。

如何结出丰盛的果子

约翰福音15章里,将耶稣比喻为葡萄树,将基督徒比喻为枝子。当枝子连接在葡萄树上时才能得到养分的供给并结果子一样,只有我们与主合而为一时,才能硕果累累。那么,如何才能在主里结出丰硕的果子来荣耀神呢?

第一,要如火般祷告并禁食。

这就如同为了让庄稼长得好,开垦田地为沃土并施肥的工作。若在心里栽种了神的话语,就要做如火般的祷告和禁食,努力开垦心田为沃土,使其结出好的果实。即使拥有芥菜种般小的信心,若献上如火般的祷告和禁食,信心就得以成长,能够得到神的能力。

第二，要当机立断离弃罪恶。

种植葡萄时，若发现葡萄串中有腐烂的，就不会放任不管。若置之不理，周围新鲜的果子也会一起腐烂。罪也是一样的。无论看起来多么微不足道的罪，若任其发展，就会演变为大罪（加5:9）。因此，若发现憎恨、嫉妒、血气、论断、奸淫等罪与恶，就要果断的离弃。神时常看顾儿女们，以免儿女们犯罪走上死亡之路。若儿女们身上有需要改正的错误时，神也会责备或熬练人。神希望儿女们借此领悟罪恶并得以变化。

第三，信心的根基要牢固。

一棵树从茁壮成长到结出果子为止，需要经历一些过程。有时还要经得住洪水、干旱或异常气候的考验。深深扎根的树木不惧风雨，坚固如磐，在干旱中也有源源不断的水分的供给，结出饱满的果子。相反，扎根浅的树木容易被风吹倒或遇干旱枯死。

　　为了在信仰里结出美好的果子，信心的根基要扎得牢固。为此，必须时常在圣灵的充满中奔跑，坚定不移的站立在神的话语上。站稳在话语的磐石之上的人，凡事都会用真理来分辨，因此不会陷入世界或受迷惑。我们要如火般祷告，努力离弃罪恶，通过真理的话语光照自己，填补自己不足的方面，就能结出丰硕的果子。

与众人和睦

若彼此之间不能和睦相处,就会出现各种问题。家人之间的不和会夺走爱和幸福;职场员工之间的不和是公司发展的绊脚石。由此可见,在我们的生活中成就和睦是至关重要的。更何况,希伯来书12章14节记载:"你们要追求与众人和睦,并要追求圣洁,非圣洁没有人能见主。"因此,若我们爱主,就必须要与众人和睦。那么,如何才能与众人和睦呢?

第一,要遵循秩序行义。

若臣子在众目睽睽之下,当众指出王的过错,使得王非常难堪,会怎么样呢?虽然是出于好意,但对国王造成伤害就是不对的。无论是在家庭还是职场,还是邻舍之间都是一样的。正如在圣经里神说"当做，不当做，当守，当离弃"的话语，只有行在善和真理中，遵循秩序不让对方感到尴尬时，才能说是行了真正的义。

第二，不能结仇。

朝鲜时代的赵光祖性情刚正不阿，想雷厉风行地推行改革政策。但因无条件排斥反对派而招致怨恨，最终受诬陷处决。若他智慧行事，包容对方，就可以成功改革。耶稣从未说过任何被人挑剔的话，祂在行义的同时默默地平定了周围的一切环境。我们也要效法耶稣，在所有言行上无可指摘，不要与任何人结仇。

第三，不能轻视对方。

通常，人认为自己比别人学识渊博，就会高人一等，以教导的口吻与人说话。即使没有轻视对方的心，听的人也会觉得被轻视了。因此，我们当离弃教导人的态度，以想要好好说明使人明白透彻的心态，凡事谦卑地处理时，就能与众人成就和睦。

如何在主里合而为一

我们的身体由多个肢体组成,当各个肢体发挥好自己的作用,完全融为一体时,才能维持健康。同样,我们作为构成基督身体之教会的各个肢体,彼此合而为一时,方能归荣耀于神。那么,为了在主里合而为一,当怎样行呢?

第一,要尽心尽力。

尽心尽力的人,无论现实多么艰难,总不逃避,也不随着自身利益变来变去,而是尽自己的本分到底。他们以服侍主的心肠,凡事上尽心尽意(歌3:23),这样的人总想:"怎样才能成就好神国的事情,归荣耀于神呢?"。因此,别人不愿意做的事情也会满怀喜乐，心甘情愿的去做。

第二，要成为生命也能摆上的心志。

初代教会圣徒们或主的门徒们，因爱神而成为一体。他们不惧死亡，热心传福音，守住了信心。借着他们的信心和献身，福音最终传播到了罗马乃至全世界。如此，当拥有为了正确的事情，哪怕生命也能甘愿摆上的心志时，才能克服任何的试炼，归荣耀于神。

第三，要尽意尽责。

耶稣说："你要尽心，尽性，尽意，爱主你的神。"（太22:37）尽意并不意味着动用人意的想法，而是按照神的旨意否认自己。例如，为了成功完成某件事，即使自己的想法或方法看似更好，也应该有一颗为了整体能放弃的心态。如此彻底打破自己的想法，而遵照神的旨意时，彼此才能合而为一。

按所行所种偿还的天国居所和赏赐

公义的神,按我们在这地上所行的来偿还我们,按所种的来使我们收成(林后9:6)。启示录22章12节记载:"看哪,我必快来。赏罚在我,要照各人所行的报应他。"另外,在启示录2章23节记载:"并要照你们的行为报应你们各人。"因此,得救进入天国固然重要,但进入天国哪个居所,得到什么样的奖赏也同样重要。那么,天国的居所和奖赏是如何决定的呢?

首先,根据爱神,遵守诫命并灵魂兴盛的程度,拥有不同天国的居所。

根据我们多少地抵挡罪到流血的地步而成圣,或去天国的乐园,或去天国最荣美的居所——新耶路撒冷。

其次,根据我们将多少灵魂引向神的怀抱,多么诚心诚意在神面前栽种奉献,天国的奖赏也是不同。

我们在这地上致力于拯救灵魂,献上各种奉献扩张了神的国度,这些将成为建造天国房屋的材料,并决定各自天国居所的大小和荣美程度。

我们在这地上归荣耀于神的一切都将成为天国的奖赏,或成为饰品打扮我们自己,或成为装饰品装点房屋。

在天国,不仅各人荣耀的光不一样,而且衣服、衣服的图案、装饰、发型、冠冕等都不尽相同,单看外表也能一眼分辨出此人的圣洁和尽忠的程度。

借此,我们可以得知神多么喜悦义人,多么喜爱没有恶的人,多么喜悦我们爱灵魂而传福音给他们。愿大家常常遵行话语,结出丰盛的传道的果子,拥有天国荣美的居所和奖赏。

服侍的人为大

以弱肉强食的逻辑生活的人常常感到不安，心里总不得平安。如今，踩着别人的肩膀也要往上爬的人司空见惯，他们心中充满了欲望，常行不法和不义之事。但以这种方式拥有名誉、权势、富贵和荣华之人，到了时候，一切在善恶间显露无疑，而陷入困境的情况也屡见不鲜。

即使到死都被这些光环围绕着，但到离世时却一样都拿不走，该是多么徒劳无益啊！因此，我们不该为了追求虚空和暂时的东西劳累，而是为了追求真实和永恒的东西付出努力，在天国成为大者。

那么，怎样才能成为在主里为大的人呢？

马太福音20章26-28节记载："只是在你们中间不可这样。你们中间谁愿为大，就必作你们的用人；谁愿为首，就必作你们的仆人。正如人子来，不是要受人的服事，乃是要服事人，并且要舍命，作多人的赎价。"耶稣作为神的儿子，拥有一切，却披戴肉身来到这地上成为仆人的样式服侍众人。因此，神将祂升为高，成为万王之王，万主之主（启17:14）。

耶稣在受十架处刑的前一天，洗了门徒们的脚，立了谦卑和服侍的榜样。"我是你们的主，你们的夫子，尚且洗你们的脚，你们也当彼此洗脚。"（约13:14）耶稣的教训告诉我们，就像耶稣降卑自己洗门徒们的脚一样，我们也要在真理里面成为服侍的人，才能在天国里成为大的。在这地上的大者是暂时的，在天国里的大者才是永恒的。因此，我们当成为发自内心服侍的人。

第六部分

卓越之人,有福之人

当代完全的人——挪亚 / 蒙福之人亚伯拉罕 / 凡事亨通的约瑟
在神全家尽忠的摩西 / 合神心意的大卫 / 蒙神恩宠的但以理
用香膏抹主的抹大拉的马利亚 / 拥有不改0变的信心的使徒保罗
卓越之人,蒙福之人

"你若留意听从耶和华你神的话，谨守遵行他的一切诫命，就是我今日所吩咐你的，他必使你超乎天下万民之上。你若听从耶和华你神的话，这以下的福必追随你，临到你身上。"

（申命记28:1-2）

当代完全的人——挪亚

挪亚是神眼中的义人,也是当代完全的人。当全人类沾染了罪,受审判灭亡时,他也得到了拯救(创6章)。神看出他的义,在用洪水审判之前,提前告诉他,让他预备方舟。同样,若我们成为像挪亚一样的义人,在任何环境中,神都会引导我们到亨通的道路。那么,如何才能成为像挪亚一样的义人呢?

第一,要渴慕神的话语。

彼得前书2章1-2节记载:"所以你们既除去一切的恶毒、诡诈、并假善、嫉妒和一切毁谤的话,就要爱慕那纯净的灵奶,像才生的婴孩爱慕奶一样,叫你们因此渐长,以致得救。"纯净的灵奶意味着神的道。因此，爱慕纯净的灵奶是指要听圣灵的声音，聆听神的话语，活在善中，一切恶事禁戒不做。

第二，要拥有不受世上诱惑的完全的心。

属世的东西大部分是虚空无益的，我们不应该受世上诱惑的影响。为此，我们要像初代教会圣徒们一样，努力聚集在圣殿，一起吃饼，即-分享话语。另外，也要救济，彼此关怀，照顾孤儿寡妇，行在善中。

第三，要与神的性情有分（彼后1:4）。

与神的性情有分是指，就像神圣洁完全一样，我们也当弃绝心中的罪恶，成为圣洁完全。神说："所以你们要圣洁，因为我是圣洁的。"（利11:45）耶稣也说："所以你们要完全，象你们的天父完全一样。"（太5:48）当我们顺从神的话语，变化为圣洁而完全的人，成为神所认可的义人，就能得到神的引导，凡事亨通，尽情地成就神的旨意。

蒙福之人亚伯拉罕

信心的始祖亚伯拉罕是蒙得耶和华以勒之福的人。耶和华以勒，意思就是必预备的耶和华，这是一听就令人心潮澎湃的神的名。那么，亚伯拉罕究竟拥有了怎样的信心，才得到这样的祝福呢？

第一，他爱神。

亚伯拉罕真实，毫无虚假，只要是神的旨意，无论是什么他都乐意顺从。当神吩咐他，说："你要离开本地，本族，父家，往我所要指示你的地去"，他也照其顺从（创12:1-4）。只要是神的旨意，就无条件顺从的心态，这就是第一爱神的证据。

第二，与众人和睦，并追求圣洁。

亚伯拉罕愿与众人和睦相处，因此，能够将上好的地让与侄儿罗得。亚伯拉罕追求圣洁，不贪任何不属于自己的东西。当罗得被其他族人掳走时，亚伯拉罕去救他，却没有拿一样战争中获得的战利品。另外，在寻找妻子的埋葬地时，他拒绝了赫人以弗仑白白相送的麦比拉洞，而是支付了相应的费用。如此，亚伯拉罕拥有了毫无私心的洁净的心。

第三，他相信创造主神的能力。

当神吩咐亚伯拉罕，将他的儿子以撒当做燔祭献上时，出于人性的想法，这是不可能顺从的事，但亚伯拉罕全然顺从，因为他相信神对以撒的应许，以及让死人也能够复活的神的能力（创22:1-10）。神将他的顺从看为出于信心的义，就提前给他预备了献为燔祭的公羊，显明了耶和华以勒的神。不仅如此，神还祝福亚伯拉罕，使他成为信心之父，成为祝福的根源。

凡事亨通的约瑟

约瑟是雅各的第十一个儿子,被哥哥们卖到埃及成为奴隶。但在神的旨意中成为埃及的宰相,从饥荒中拯救了自己的国家和家人。那么,我们来看看他究竟拥有了怎样的信仰,以至在恶劣的环境和条件下,也能得到人们的认可,归荣耀于神。

第一,神与约瑟同在。

创世记39章3节记载:"他主人见耶和华与他同在。"约瑟虽成为奴隶,但他从不悲观自己的处境,单单仰望神,照神的话语而行。他的心志和行为在神看来是正确的,于是,神与他同在,赐予他亨通的祝福。

只要神与我们同在,无论身处多么艰难的环境,都没有关系。无论是谁,只要像约瑟一样完全信靠神,按照话语而行,神就与我们同在,凡事上得到亨通的祝福。

第二,约瑟是诚实的人。

约瑟在自己所处的环境中全力以赴,勤勤恳恳,诚诚实实。当他被卖到波提乏的家中,在管理家务时,凡事按主人的心意竭尽全力顺从,诚实办事。这在他蒙冤入狱以后也是一样。他依然非常诚实,以至于司狱(管理囚犯的人)把狱中的囚犯交在约瑟手下,凡在约瑟手下的事,司狱一概不察(创39:22-23)。我们只要在职场,学校,家庭等自己所在的地方竭尽全力,诚实行事,就能得到人的认可,也能归荣耀于神。

第三,不越线。

约瑟秀雅俊美,主人的妻子以目送情,诱惑约瑟。每当那时，约瑟都断然拒绝，说："我怎能作这大恶，得罪神呢？"（创39:9）约瑟在神在主人面前都没有犯罪。这导致约瑟被主人的妻子诬陷入狱，但他没有向任何人提出抗辩，也没有埋怨任何人。时机一到，神将约瑟升高，使他坐在埃及宰相的位置。我们也当效法这种信仰，不要被任何诱惑或贪心所迷惑，也不要求自己的益处，而向不义妥协或作恶，要坚守正道行事为人。

在神全家尽忠的摩西

尽忠是指为了担负赋予自己的使命而尽心尽意、尽性尽赤诚。神特别爱尽忠职守的摩西，称赞他为："我的仆人摩西不是这样，他是在我全家尽忠的。我要与他面对面说话，乃是明说，不用谜语，并且他必见我的形像。你们毁谤我的仆人摩西，为何不惧怕呢？"（民12:7-8）摩西究竟是什么样的人，以至得到神如此的喜爱和祝福呢？

第一，摩西极其深爱神和自己的民族。

摩西出生时恰逢埃及严重虐待以色列民。随着以色列百姓人口增多，埃及王感到害怕，下令杀死所有刚出生的以色列男婴。摩西也难逃一劫，但他的父母把他藏匿了三个月，后来再也藏不住了，就把他放在蒲草箱里，把箱子搁在河边的芦荻中。恰好，埃及公主发现了箱子，把摩西收为养子。后经摩西姐姐米利暗的介绍，摩西的母亲被准许成为奶妈养育了摩西，所以摩西才得以学习有关神和自己民族的知识。

有一天，摩西看到埃及人殴打以色列百姓，就打死了那埃及人。借此事件，他不得不逃离王宫，在旷野谋生（出2:11-15）。若他只顾自己的安危，看到同族受苦时，足可以坐视不理。但他宁可和神的百姓同受苦害，也不愿暂时享受罪中之乐。因此，看到同族受苦，他不能置身事外。他之所以甘愿选择苦难之路，是因为他热爱神和自己的民族，认为永恒天国的奖赏比埃及所有的宝物都珍贵（来11:26）。

第二，摩西为人极其谦和，胜过世上的众人。

摩西作为领袖，在引导百姓出埃及进入迦南地的征程中，遇到了不计其数的苦难。百姓虽目睹了神所彰显的神迹奇事，可每当遇到困境时，还是脱口而出埋怨和不平，甚至拿石头要打摩西。况且，当他上山领受十诫命时，百姓制造了金牛犊，供奉它为自己的神。看到百姓的悖逆，神想灭绝百姓，并通过摩西的后裔建立一个大国。对此，摩西替百姓献上爱的祈求："倘或你肯赦免他们的罪，……不然，求你从你所写的册上涂抹我的名。"（出32:32）摩西如此温柔，无论如何都要拯救百姓，因此，神认可他为"摩西为人极其谦和，胜过世上的众人"。（民12:3）

第三，摩西全家尽忠。

尽忠是指为了担负赋予自己的使命而尽心尽意、尽性尽赤诚。当这样的尽忠体现在职场、家庭、学校、教会等所有领域时，就可以说是全家尽忠了。

虽摩西贵为一个民族的领袖，但他极其谦虚，懂得倾听岳父叶忒罗的忠告（出18章）。另外，当姐姐米利暗毁谤自己，而得了麻风病时，他在神面前为姐姐代求，使姐姐得到医治（民12章）。当遭到以色列百姓无数次的埋怨和敌对时，他也心怀爱心，恒久忍耐，始终忠心耿耿地担负引导他们的使命。希伯来书3章5节记载："摩西为仆人，在神的全家诚然尽忠，为要证明将来必传说的事。"仆人是指为了随时使唤而被雇佣的工人。由此可见,摩西多么降卑自己,尽心尽意担负了使命。

合神心意的大卫

大卫是耶西八个儿子中的老幺,是放羊的牧童。有一天,受神指示的撒母耳先知拜访了耶西家(撒上16章)。撒母耳一眼看中了外表出众的大儿子以利押,但神却说:"耶和华不像人看人,人是看外貌。耶和华是看内心",吩咐撒母耳膏立大卫为王。此后,大卫甚至得到神的称许为:"他是合我心意的人"。那么,大卫究竟是什么样的人,以至得到神如此的爱和祝福呢?

第一,大卫是敬畏神的人。

箴言8章13节记载:"敬畏耶和华,在乎恨恶邪恶。"大卫因爱神敬畏神,而远离罪恶,遵行话语,得神喜悦(诗119:74)。虽曾一时犯了大错,取了拔示巴，借外邦人的刀杀了她的丈夫乌利亚，但在受先知指责时，他立即悔改。

第二，大卫是尽生命担当使命的人。

少年时期，大卫在父家放羊时，他是以怎样的心志担当使命的，我们可以通过他的告白得知。撒母耳记上17章34-35节记载：大卫对扫罗说："你仆人为父亲放羊，有时来了狮子，有时来了熊，从群中衔一只羊羔去。我就追赶它，击打它，将羊羔从它口中救出来。它起来要害我，我就揪着它的胡子，将它打死。"如此，在照顾一群羊时，他也用生命去守护。

第三，大卫是拥有真信心的人。

歌利亚是非利士大名鼎鼎的将帅，身高近三米，是个巨人。他头戴铜盔，身穿铠甲，是个全副武装的勇士。相反，大卫只是一个少年，在放羊途中受父亲使唤来到战场。歌利亚向以色列人的军队骂阵四十昼夜，大卫实在忍无可忍。大卫没有任何武装，只拿了五块光滑石子和甩石的机弦，大胆地迎战歌利亚。因为他拥有依靠全知全能神的真信心。他发自内心相信神在凡事上与他同在，并引导他到亨通的道路。果然，照其信心，他大获全胜。大卫用手从囊中掏出一块石子来，用机弦甩去，打中非利士人的额，石子进入额内，歌利亚就仆倒，面伏于地，从此战局发生了大逆转。

第四，大卫行善到底。

扫罗王立作事精明的大卫为战士长。当大卫从战场上凯旋而归时，众妇女舞蹈唱和，说："扫罗杀死千千，大卫杀死万万。"这一赞美声激发了扫罗的嫉妒心。当恶魔大大降在扫罗身上痛苦不已时，大卫为扫罗弹琴，扫罗却抡抢要杀死他。扫罗一有机会就想杀了大卫，但大卫即使有机会杀扫罗，也绝不下手害他，始终善待他到底。即使具备了上述三个条件，若其内心是易变的衷心，也不能成为完整的器皿。但是，即使有害于自己，只要不变的行善，走正道，就能成为像大卫一样蒙神喜爱的尊贵的人。

蒙神恩宠的但以理

世上有很多被各种难题缠身而不得真正平安的人。但通过圣经我们可以得知，拥有信实的信心之人，无需有任何忧虑。但以理在被俘为虏的情况下，也一跃登上了总理的高位，过了单单荣耀神的生活（但6章）。那么，但以理拥有了怎样的信仰，以至蒙得神如此的恩宠呢？

第一，他表现出对神坚定不移的爱。

但以理在巴比伦王尼布甲尼撒侵略南犹大时被俘为虏。巴比伦王在俘虏中挑选相貌俊美，通达各样学问，知识聪明俱备的少年，教他们迦勒底的文字言语，吃王派定的王的膳食，三年之久。但以理也在其中，他担心膳食中有偶像的祭品或可憎的食物，便恳请太监长容他吃素食。因他如此爱神，敬畏神，努力守诫命，神就主管了一切环境，使万事互相效力。不仅如此，神还赐给他明白各样的异象和梦兆的能力。同样，无论我们处于何种处境，只要明确显明对神的爱，就能得蒙神的爱与恩宠。

第二，他不变地坚守了对神的信心。

大利乌王执政时，但以理作为总理治理通国，他深受王的爱戴，但遭致大臣们的诬陷。他们求王立一个禁令，三十日内，不拘何人，若在王以外，或向神或向人求什么，就必扔在狮子坑中。但以理知道这禁令盖了玉玺，就到自己家里，窗户开向耶路撒冷，一日三次，双膝跪在他神面前，祷告感谢，与素常一样。他触犯了违背禁令的罪，被扔进狮子坑里，但神派遣天使封住狮子的口，但以理毫发未伤。

但以理深知赐予自己的一切都是神的恩典，因此，即使生命受到威胁，也绝不妥协，坚守了信心。如此，我们也不与世界妥协，走正道，神就会看顾保守我们。

第三，尽心尽责，为国效忠。

在尼布甲尼撒王执政时，王立他为总理，掌管巴比伦的一切哲士；玛代人大利乌王执政时，但以理是总长三人中的一人，在凡事上倾尽热情和忠诚。神将但以理的忠诚看在眼里，施恩于他，在异象中给他显明有关未来历史的重大事件（但9章）。我们也要像但以理一样，以信实的信心的行为得神喜悦，从而蒙得神的恩宠与爱。

用香膏抹主的抹大拉的马利亚

耶稣在事工期间医治病人，传播天国福音，成为众人的盼望和安慰。抹大拉的马利亚生长在世世代代严重拜偶像的地区，她受黑暗势力的压制，保守各种疾病的折磨。有一天，马利亚听到有关彰显权能的耶稣的传闻。于是，心里萌生了只要遇见耶稣，自己的软弱和疾病也能得到医治的信心。

正好，马利亚听到耶稣来到村里的消息。于是，她拿了装满香膏的玉瓶去了耶稣所在的地方。她不敢正面站在耶稣面前，走到耶稣的身后靠近耶稣的脚边，抑制不住的眼泪涌上心头，耶稣的脚被泪水浸湿。马利亚用头发擦耶稣的脚，打破玉瓶倒了珍贵的香膏。

如此，抹大拉的马利亚凭信来到耶稣面前，拿出极致的诚心,她就靠神恩典罪得赦免,得到拯救,所有疾病得到痊愈。

那么,马利亚打破玉瓶,给耶稣倒香膏有什么意义呢?

这里的玉瓶属灵上象征身体。打破玉瓶意味着把自己完全献给神。再贵重的香膏,只有打破玉瓶才能倒出来。也就是说,只有不在意自己的权威或面子,而完全放弃自己,才能做出这样的献身。否则,就会动用想法:"别人会怎么想呢?",就做不出完全的献身。

香膏在当时是价值不菲的。因此,抹大拉的马利亚打破玉瓶给耶稣倒香膏的属灵的意思是全心全意献上了自己的真诚。另外,用自己的头发洗耶稣的脚意味着完全降卑自己的谦卑和服侍,以及恳切的爱和献身。我们也要打破自尊心或骄傲等一切属肉的东西,献身于主,将最为宝贵的心和真诚献给主。

拥有不改变的信心的使徒保罗

使徒保罗曾是虔诚的犹太教信徒,他带头去抓信耶稣基督的人,将他们下在监里或杀害。在遇见主,回心转意后,使徒保罗成为外邦人的使徒,向许多人传福音,建立了教会。无论受怎样的逼迫,他都以不变的心奔跑信心的道路(徒20:24)。

在传福音时,他被鞭打入狱,那时他也只祷告赞美神。忽然地大震动,甚至监牢的地基都摇动了,监门立刻全开,众囚犯的锁链也都松开了(徒16:25-26)。此外,他被下在腓立比监狱时,也没有丧胆或悲伤,反而劝勉腓立比圣徒们要常常喜乐。

虽然多次险些死亡,受苦受到失去活下去的盼望,但他从未叫过苦,一次都没有否认耶稣基督。反而,在天国的盼望中,常常喜乐,尽忠于使命。

因此，使徒保罗在提摩太后书4章7-8节告白："那美好的仗我已经打过了。当跑的路我已经跑尽了。所信的道我已经守住了。从此以后，有公义的冠冕为我存留，就是按着公义审判的主到了那日要赐给我的。不但赐给我，也赐给凡爱慕他显现的人。"

神寻找像使徒保罗一样不变的坚守信心的人，通过他们成就神国的事，并悦纳荣耀。

但有些人在神面前热心尽忠侍奉后口出怨言。这就说明他不是凭信而行的，因此再辛苦也得不到神的喜悦。因为神只悦纳凭信心而行的。我们也要像使徒保罗一样，拥有不变的信心，在天国盼望中，只以感谢成就神国的事。

卓越之人，蒙福之人

世界上有很多人在各个领域里留下了丰功伟绩。他们信念坚定，目标明确，为实现目标，不惜牺牲生命，因此可以在历史的篇章里留下了辉煌的足迹。但若是他的贡献只局限于地上，那就称不上是真正卓越的人。只有照亮真理之光的人，才能称得上是真正杰出的人。

那么，要想成为真正卓越的人，有福的人，过有价值的人生，该怎么做呢？

申命记28章1节记载："你若留意听从耶和华你神的话，谨守遵行他的一切诫命，就是我今日所吩咐你的，他必使你超乎天下万民之上。"要想成为卓越的人，就要按照神的话语去行：当守的守，当行的行，当离弃的离弃，要完全遵照神的旨意过圣洁的生活。

慈爱的神不仅希望我们成为卓越的人，还希望我们成为有福的人。申命记28章2-6节记载："你若听从耶和华你神的话，这以下的福必追随你，临到你身上，……你出也蒙福，入也蒙福。"顺从是指不仅是靠自己的力量可以做到的，还是靠人的知识或经验无法理解或做不到的，只要是神的命令，就凭信心而行的行为。

圣经中记载的但以理，约瑟，亚伯拉罕，摩西等信心的先知们做了这样的顺从，而且还是以喜乐的心顺从。他们相信神，完全遵守神的命令，在任何环境和条件下都喜乐感恩。最终，他们成为卓越的蒙福之人，大大成就了神国度的事工，尽情地荣耀了神。若我们也谨守遵行神的话语，凡事顺从，就可以像信心的先知一样，成为卓越的人，蒙福的人。

作者:
李载禄博士

李载禄博士于1974年遇见永活的真神,身上所有的疾病得到医治,从此开始尽心、尽意爱神,并以侍奉神为至上,1978年蒙召为主的仆人。1982年带领13名圣徒,仅以7000元(韩元)资金,在大韩民国首尔开创万民教会,1983年被美国《基督徒世界》杂志选为世界前五十大教会。而且,其牧会工作取得瞩目成就,广泛认可,便于1996年在爱荷华州金斯威(Kingsway)神学院荣获牧会学博士学位。万民中央教会2013年现今注册圣徒多达十二万余名,拥有国内外一万多个支、协力教会,向23个国家差遣了129名宣教士。

1993年后,分别在坦桑尼亚、阿根廷、美国洛杉矶、巴尔的摩、夏威夷、纽约、乌干达、日本、巴基斯坦、肯尼亚、菲律宾、洪都拉斯、印度、俄罗斯、德国、秘鲁、刚果(金)等地成功主持了联合大盛会,其盛会实况播放到全世界许多国家,被韩国基督教界新闻媒体高度评价为"世界性复兴讲师"。尤其在2009年主持了以色列联合大盛会,宣告耶稣基督是全人类的弥赛亚,此盛会播放到200多个国家。

包括此书,李载禄博士撰写了《死前见真光》、《信心的大小》、《灵魂肉(上,下)》、《天国(上,下)》、《地狱》等87本著作，被译成75种语言出版普及。

李载禄博士担任耶稣教联合圣洁会总会长、万民世界宣教会总裁、世界基督教广电传媒联网理事长、世界基督徒医生联网理事长、基督教世界复兴宣教协议会常任总裁、万民国际神学院理事长等职务。

www.ingramcontent.com/pod-product-compliance
Lightning Source LLC
LaVergne TN
LVHW021814060526
838201LV00058B/3385